AF626374

Maya Stomp

Wir Witwen sind ein zähes Volk

Trauern ist Marathon für die Seele

Aus dem Niederländischen von
Waltraud Heitzer-Gores

Für

Anneke, Paulina, Yvonne, Lenie, Ria, Gre, Pauline, Heike, Martje, Anita, Carla, Petra, Regine, Sonja, Annelies, Tineke, Mary, Ellen, Karin, Willeke, Frederica, Jennie, Thea, Andrea, Hennie, Patty, Wilma, Nanda, Marjolijn, Corrie, Eva, Judith, Jolanda, Erika, Marja, Ans, Marlies, Simone, Cynthia, Janny, Saskia, Annagré, Anja, Pien, Simone, Rina, Miranda, Rieke, Monica, Marianne, Liesbeth, Chantal, Isolde, Fineke, Claire, Mia, Phili, Riet, Anne, Gitte, Jeannette, Jose, Conny, Fabienne, Lea, Nick, Willy, Cindy, Clarissa, Ingrid, Joyce, Dineke, Janis, Gonny, Truus, Brenda, Henny, Martje, Nette, Marjolein, Bianca, Resi, Lettie, Betsy, Dianne, Elly, Wies, Astrid, Annemieke, Annita, Mientje, Claudia, Dea, Corinne, Charlotte, Ilse, Kristien, Gertie, Manuela, Sandra ...
und alle anderen Frauen, die ihre Männer viel zu früh verloren haben.

Inhalt

Doch ich erklärte ihm, dass tiefer Kummer im übertragenen Sinne ein Ort sei, quasi eine Koordinate auf der Landkarte der Zeit. Wenn man in einem Wald der Trauer stehe, könne man sich nicht vorstellen, dass man je wieder heraus- und an einen besseren Ort findet. Aber wenn einem jemand versichern könne, dass er schon an derselben Stelle gestanden habe und weitergegangen sei, so mache einem das zuweilen Mut.

Elizabeth Gilbert, »Eat, pray, love«, 2006

Vorwort

Die schmerzhafte Wahrheit ist, dass wir leben, lieben und geliebte Menschen verlieren. Wir können den Tod nicht aufhalten. Der Tod eines geliebten Menschen verändert alles. Die normale Welt rückt unfassbar weit weg, du schaust auf die Welt und gehörst nicht mehr dazu. Alles geht an dir vorbei, berührt dich nicht. Das Einzige, was jetzt für dich wichtig ist, kannst du nicht teilen. Um dich herum scheint alles so zu sein wie zuvor, das Leben anderer Menschen geht unverändert weiter. Das zu sehen ist beinahe genauso herzzerreißend wie die intensive Sehnsucht in dir. Die Welt ist nicht mehr deine Welt, dein Leben gibt es nicht mehr.

»Wir Witwen sind ein zähes Volk« habe ich für alle unsichtbaren Heldinnen (und Helden) geschrieben. So nenne ich euch, Sie. *Uns*. Jeden, der einen schweren Verlust erlitten hat und bleischwere und unsichtbare Trauerarbeit leistet. Obwohl diese Arbeit so mühsam ist, bekommt keiner eine Auszeichnung, eine Belohnung oder Applaus. Die wahre Trauerarbeit ist für andere unsichtbar.

Am 7. September 2010 wurde ich plötzlich Witwe. Seit diesem Tag lerne ich, was trauern heißt, es gelingt mal mehr, mal weniger. Ich vertiefte mich in Trauerliteratur, ich nahm an Seminaren teil, ich wollte das Trauern verstehen und ich versuchte, mich zu verstehen. Mit meinem Wissen und meiner Erfahrung von heute möchte ich anderen Menschen im Land der Trauer zur Seite stehen.

Meine Mission ist die, dass Trauernde lernen, Mitgefühl mit sich selbst zu entwickeln und sich Raum zu lassen für die harte Arbeit, die das Trauern ist. Und, obwohl Sie, liebe Leserinnen und Leser, keine gut gemeinten Ratschläge von mir brauchen, werde ich Ihnen doch ein paar geben. In der Hoffnung, dass etwas dabei ist, das Sie inspiriert, Ihnen Kraft gibt und durch schwierige Momente trägt.

Ich werde Ihnen meine persönliche Geschichte erzählen und die Erfahrungen anderer Witwen mit Ihnen teilen, damit Sie verstehen, wie Trauer meiner Meinung nach funktioniert. Viele Trauernde haben nämlich nicht die geringste Vorstellung davon, was auf sie zukommt. *Ich hatte nicht die geringste Vorstellung.*

Zu meinem Schreibstil: Ich weiß, spüre und erlebe mit jeder Faser meines Seins, was für ein großes, schweres Thema die Trauer ist, und dennoch sind meine Texte leicht im Ton. Das ändert natürlich nichts an der Ernsthaftigkeit des Themas und der Tiefe der Gefühle. So bin ich, so schreibe ich: Humor ist für mich ein wichtiges Überlebensinstrument. Ich habe viele Jahre gebraucht, bis ich über mich selbst lachen konnte. Nach all den Tränen war das ein Riesengewinn.

Schließlich – und ich weiß, dass Sie das inmitten Ihrer tiefsten Trauer nicht glauben können – erscheint Licht am Ende des Tunnels. Wirklich. Wir Trauernden können auch selbst etwas dafür tun, dieses Licht zu finden. Das habe ich in den letzten Jahren als Witwe selbst erlebt. Jetzt sind Sie an der Reihe, diese Erfahrung zu machen. Ich werde jedenfalls mein Bestes geben, damit es Ihnen gelingt.

Zum Schluss noch eine Bemerkung zum Lesen dieses Buches: Trauern und sich konzentrieren geht nicht gut zusammen. Sie müssen dieses Buch nicht strikt von vorne bis hinten durchlesen. Lesen Sie einzelne Kapitel in der Reihenfolge, die für Sie stimmig ist. Suchen Sie sich vor allem das heraus, was Sie brauchen.

Schön, dass Sie da sind.

Mit herzlicher Umarmung,
Ihre

Maya Stomp

Ein riesiger Verlust
ändert alles:
deine Welt, dein Leben,
deine Zukunft.
Und mit der Neueinstellung
zu dieser Realität
änderst du dich
letztendlich selbst.

1

Meinen Verlust annehmen

Der Elefant pustet immer zu früh

> Dann kam ein Elefant mit einem großen Rüssel und pustete die ganze Geschichte aus.

Das war immer das für mich sehr lustige Ende der Geschichten, die mir meine Eltern vorlasen, als ich noch klein war. Wahrscheinlich war für sie dann der Moment gekommen, an dem sie meinten, ich solle nun schlafen, oder vielleicht wollten sie die Nachrichten im Fernsehen anschauen oder etwas anderes tun. So kam das Vorlesen für mich meist überraschend zu einem abrupten Ende. Die Geschichte war plötzlich, wie aus heiterem Himmel, zu Ende und das brachte mich jedes Mal zum Lachen.

Im wirklichen Leben war so ein plötzliches Ende nicht lustig. Vor allem nicht, wenn der eigene Mann völlig unerwartet stirbt und man allein zurückbleibt, als Witwe mit 41 Jahren. Das ist alles andere als lustig.

Mein Mann ist ganz plötzlich gestorben. Am frühen Abend des 7. September 2010 war er zu Hause. Ich war noch in der Arbeit. Er rief mich an und wollte wissen, wann ich nach Hause käme, denn er fühlte sich nicht so gut. Er hörte sich komisch an, anders als sonst. Ich traute der Sache nicht und rief die Nachbarin an, die einen Schlüssel zu unserem Haus hatte. Sie schaute nach ihm und rief den Notarzt. Alexander wurde ins AMC [Universitätsklinikum Amsterdam] gebracht. Den Ernst der Lage erfasste ich sofort, mit jeder Faser meines Körpers.

Wie in einer bizarren Trance fuhr ich von Den Haag nach Amsterdam, die Fahrt ging schnell und auch wieder ganz langsam. Das Gefühl der Betäubung hatte schon eingesetzt. Wundersam, wie es dem menschlichen Geist gelingt, sich selbst zu schützen. Im AMC sah ich, wie ein Bett, auf dem Alexander lag, an mir vorbeigeschoben wurde. Sie wollten ein EEG machen oder ein MRT, das weiß ich nicht mehr genau. Eineinhalb Stunden nachdem ich mit Alexander telefoniert hatte, wurde ich zu den Ärzten gerufen. Sie konnten nichts mehr für ihn tun. Die Blutung im Hirnstamm war fatal. Es war halb neun an einem ansonsten völlig normalen Dienstagabend. An diesem Dienstagabend stand mein Leben innerhalb von zwei Stunden komplett auf dem Kopf. Meine Reise als Witwe hatte begonnen. Vor dem Krankenhaus schnorrte ich eine Zigarette von einem Pfleger.

Es folgten eine lange Nacht, eine lange Woche und ein langes Jahr.

Unsichtbare Amputation

Vor einem Jahrhundert war die Begegnung mit dem Sterben noch ziemlich normal. Die Menschen starben früher als heute: Es gab mehr Krankheiten, die Kindersterblichkeit war höher. Man wurde öfter mit dem Tod konfrontiert und es gab (kirchliche) Rituale. Mit der heutigen ausgezeichneten medizinischen Versorgung und der Verbannung älterer Menschen in Pflege- oder Altersheime ist der Tod ein Fremder in unserer Mitte geworden. Wir wollen das Leben, nicht den Tod. Wir wollen immer jung und vital über den Strand laufen, so wie in den Werbefilmen, die uns glauben machen, das sei das echte Leben. Wir wehren uns gegen unsere Falten, unsere Krankheiten und unsere Sterblichkeit. Falls wir es gegen alle Erwartung doch nicht schaffen, dann heißt es, wir hätten »den Kampf verloren«. Als ob wir diesen Kampf jemals gewinnen könnten. Das Leben ist endlich, auch wenn uns das nicht gefällt. Es gibt kein Licht ohne Schatten, kein Einatmen ohne Ausatmen, und irgendwann – es ist unvermeidlich – kommt der letzte Atemzug. Für uns und für diejenigen, die wir aus tiefstem Herzen lieben.

Wir haben heutzutage nicht mehr viele Rituale, die uns durch Trauer und Verlust begleiten. Ein Müller, der ein Familienmitglied verloren hat, stellt die Mühlenflügel auf Trauerschere. Ich hatte keine Flügel, die ich in die entsprechende Position hätte bringen können. Da ich kein Fußballspieler war, konnte ich keine schwarze Binde am Arm tragen. Mir einen Bart wachsen lassen, wie sie es in Indien machen, war auch keine Option.

In der ersten Zeit nach dem Tod meines Mannes hätte ich gern die früher übliche schwarze Trauerkleidung getragen. Damit ich meine Verzweiflung nicht jedem hätte erklären müssen. Eine schwarze, schützende Decke, die mich von der bösen Außenwelt abschirmt und meine innere Erschütterung verborgen hält. Außen schwarz und innen schwarz. In einer Welt ohne Farben stand ich mit leeren Händen da.

> Ich fange an, den Sinn schwarzer Kleidung zu verstehen. Schwarze Kleidung wirkt wie eine Warnung an den Rest der Welt, dass du jetzt kommst. Wie eine Glocke oder eine große schwarze Fahne. Sie sorgt dafür, dass du nach außen so aussiehst, wie du dich innerlich fühlst. Elend. Untröstlich. Verflucht. Als säße der Tod auf dir. Wahrscheinlich ist es auch so.
>
> *Mick Jackson, »The Widow's Tale«, 2010*

Wir dürfen kein sichtbares Zeichen für unseren Verlust tragen. Wir dürfen nicht in Tränen ausbrechen oder dem Zorn freien Lauf lassen. An der Außenseite sieht niemand den Schmerz, den wir in unserem Innern spüren. Es fühlt sich an wie eine unsichtbare Amputation. Niemand sieht die große Leere, die Trauernde stets mit sich tragen. Man bleibt zurück mit einer nicht zu stillenden Sehnsucht, dem Heimweh nach einer Zeit, die nie wieder zurückkehren wird.

> Ich erlebe die Gegenwart nicht. Alles, was ist, bei mir selbst angefangen, ist vor allem etwas nicht. Stunde für Stunde, Minute für Minute bin ich in der Einbildung seiner Anwesenheit.
> Er ist überall nicht.
>
> *Connie Palmen, »Logbuch eines unbarmherzigen Jahres«, 2013*

Über den Tod wollen wir sobald wie möglich nicht mehr sprechen. Die oder der Hinterbliebene sollte sich nach ein paar Monaten damit abgefunden haben. Doch da fängt die harte Arbeit erst an. Hinterbliebene/r ist man für den Rest seines Lebens.

Ich ohne Wir

Es war ein Drama, den Menschen zu verlieren, mit dem ich mein ganzes Leben geteilt hatte. In jedem Winkel unserer Wohnung, mit jeder Faser meines Körpers vermisste ich ihn. Ich lebte in einer Welt der Abwesenheit. Mit dem Verlust meines Liebsten verlor ich auch einen wichtigen Teil meiner Identität.

> Wenn jemand einen nahen Mitmenschen verliert, wird seine gesamte Identität erschüttert. Man verliert einen Teil von sich selbst, es entsteht eine Zerbrochenheit im eigenen Dasein, in der Totalität des eigenen Lebens. Man fühlt sich in seiner Existenz bedroht, das Leben ist in Frage gestellt.
>
> *Arthur Polspoel, »Wenen om het verloren ik«, 2003*

Ich habe meinen Liebsten nicht nur im Sinn seiner physischen Präsenz verloren. Ich vermisste seine Unterstützung, seine Ratschläge und seine Tomaten-Basilikum-Soße. Wenn ich von der Arbeit nach Hause kam, fühlte ich mich so allein in der großen Wohnung. Im Hier und Jetzt war ich allein, aber eigentlich war ich nun auch in der Vergangenheit allein. Unsere Erinnerungen konnte ich nicht mehr mit ihm teilen. An eine Zukunft wagte ich nicht zu denken. Das war das Ende meiner Träume, meiner Hoffnung und meiner Erwartungen, der Pläne, die wir gemeinsam hatten.

Ein gemeinsames Leben hat vielerlei Facetten, es ist ein glitzerndes Ganzes, aber leider weniger unverwüstlich als ein Diamant. Wie viele Facetten es insgesamt waren, wurde mir erst richtig bewusst, als das Zusammenleben abrupt endete. Ich begriff mit der Zeit immer besser, was ich wirklich alles verloren hatte. Als ob es nicht schlimm genug wäre, einen Menschen zu vermissen, vermisste ich auch, was wir gemeinsam waren.

Ich war nicht mehr die Hälfte eines Paares. Es gab kein »Wir« mehr in der Außenwelt. Wir, die ein Konzert besuchen, in einer Kneipe was trinken oder zum Gemüsehändler gehen. Wir waren nicht wie alle anderen, wir sind sicherlich aufgefallen – hoffentlich positiv. Ich vermisste unser gemeinsames Auftreten. Ich bin allein rausgegangen, aber es fühlte sich so armselig an.

Während unserer gemeinsamen Jahre lernten wir viel voneinander und wir bewunderten im anderen, was wir jeweils selbst nicht hatten. Mir hat sich durch ihn eine neue Welt eröffnet. Mein Selbstvertrauen war vor zwanzig Jahren nicht sonderlich ausgeprägt, ich traute mich noch nicht einmal, ein »teures« Geschäft zu betreten. Während er mit seinem Charisma und seinem *Savoir-Vivre* jeden um den Finger wickelte. In seinem Kielwasser lernte ich mit der Zeit, selbstsicherer aufzutreten. Aber ich war noch lange nicht fertig mit dem Lernen, ich brauchte ihn doch noch.

> Du hast mich wachsen lassen, durch
> dich durfte ich werden, wer ich heute bin.
> Alles hast du mir gegönnt, nie warst du
> eifersüchtig, deine Liebe hat mich genährt.
>
> *Isa Hoes, »Toen ik je zag«, 2013*

Nach fünfzehn gemeinsamen Jahren waren wir schon sehr miteinander verschmolzen. Einmal rief mich am Nachmittag ein Freund an, der für mich ein paar Einkäufe erledigte und wissen wollte, was für ein Brot ich gerne haben wollte, eines mit Mohn oder mit etwas anderem. Mein erster Impuls war, mich für Mohn zu entscheiden, denn das hatten wir immer so gemacht, Alexander mochte Mohn sehr gern. Ich selbst war nicht hundertprozentig davon überzeugt, mich störten die kleinen Körnchen, die sich oft so unästhetisch zwischen den Zähnen festsetzten (nie in der Arbeit essen!). Nun aber war ich allein gefragt. Was wollte ich eigentlich selbst? Ich musste erst nachdenken, welches Brot ich haben wollte. Ich musste das für mich neu entdecken, losgelöst von »uns«. Was passte zu mir, anstatt was passte zu uns, wer war ich eigentlich ohne ihn?

> Für Liebende gilt das harte Gesetz:
> Sobald das Wir nicht mehr da ist, bricht
> das Ich zusammen, zerfällt in Bruchstücke,
> zertrümmert, kaputt, durch nichts anderes
> zusammenzuhalten und zu definieren.
> Nicht nur er ist tot, mein liebstes Ich
> ist es auch.
>
> *Connie Palmen, »Logbuch eines unbarmherzigen Jahres«, 2013*

Meinen eigenen Rhythmus zu finden war eine Herausforderung. Ich würde ja nie dorthin zurückkehren können, wie es einmal war, wie ich einmal war, zusammen mit ihm. Mein schwerwiegender Verlust veränderte alles, auch mich. Ein wichtiger Teil meiner Person war verloren gegangen. Diesen Teil würde ich nie wieder bekommen. Ich musste mich neu erfinden.

Eine liebevolle Umarmung
spendet einem
verwundeten Herzen
mehr Trost
als tausend Worte.

Es gibt kein Patentrezept

Eine Verlusterfahrung kann bedeuten, dass ein naher Mensch gestorben ist oder eine Beziehung zu Ende ging. Es kann sich auch um den Verlust eines Haustiers handeln oder um den Verlust eines Armbands mit emotionalem Wert. Oder um jede andere Art von Verlust. Nur die Person, die den Verlust erleidet, weiß, welche Bedeutung der verstorbene Mensch, das Haustier oder der Gegenstand für sie hatte. Wenn zwei Menschen ihren Bruder verlieren, können sie das völlig unterschiedlich erleben. Ein Verlust bedeutet für jeden Menschen etwas anderes. Verlust ist etwas sehr Persönliches.

Mit dem Verlust meines Mannes war unsere einzigartige Beziehung vorbei, unsere Scherze, unsere Gewohnheiten, unsere gemeinsame Sprache. Noch persönlicher konnte es nicht sein. Und, obwohl dies alles so persönlich war, hatte die Gesellschaft einen Namen für mich: *Witwe*. Ein gesellschaftlich anerkannter Status, ein Etikett, das ich auf meine Erfahrungen kleben konnte. Die niederländische Sprache kennt – wie die deutsche – noch ein paar solcher Etiketten, aber nicht viele. Ein Kind ohne Eltern ist ein Waise. Ein Mensch ohne Arbeitsplatz ein Arbeitsloser. Andere Verluste werden von der Gesellschaft nicht mit einem eigenen Wort bedacht. Wie nennen wir Eltern, die ihr Kind verlieren? Großeltern, die ihr Enkelkind verlieren? Eine Schwester, die ihren Bruder verliert? Die Mutter eines ungeborenen Kindes? Dafür gibt es keine eigenen Worte. In unserer Kultur gibt es mehr Wörter für Regen als Wörter oder Ausdrücke für die Hinterbliebenen, die nach einem Verlust mit leeren Händen da stehen. Das erstaunt mich immer wieder.

Schließlich ruft alles, was einmal eine Bedeutung für jemanden hatte und verloren geht, Gefühle der Trauer hervor. Unabhängig davon, ob ein Verlust ein gesellschaftliches Etikett aufgeklebt bekommt oder nicht, ich breche eine Lanze dafür, dass wir Verluste empfinden dürfen. Egal, ob es einen Namen für den Verlust gibt oder nicht, und unabhängig davon, ob die Menschen in der unmittelbaren Umgebung Mitgefühl zeigen oder nicht. Jeder hat das Recht, sich Zeit und Raum für sich selbst zu nehmen und durch seine Trauer hindurchzugehen. Egal, was andere sagen. Jeder Verlust ist persönlich und jeder Trauerweg ist einzigartig. Es gibt kein Patentrezept für Trauer. Trauern ist Maßarbeit.

Du bist bei mir
In jeder Minute
Einer jeden Stunde
Eines jeden Tages,
Bei jedem Atemzug,
Jedem Herzschlag,
In jeder Faser,
In jedem Wort.
Bei jedem Schritt
Wirst du bei mir sein.

Dominoeffekt

Ein Verlust kann ein früheres Verlusterlebnis aktivieren. Zwischen dem aktuellen Verlust und dem früheren Verlust können Jahrzehnte liegen. Manchmal gibt es eine »logische« Verbindung, wenn zum Beispiel der Verlust des Vaters die frühere Verlusterfahrung beim Tod der Mutter aktiviert. Es gibt auch Fälle, in denen keine offensichtliche Verbindung besteht. So kann der Verlust des Arbeitsplatzes die frühere Erfahrung des Verlusts eines nahestehenden Menschen aktivieren. Beide Verluste bringen Emotionen wie Einsamkeit und Im-Stich-gelassen-Werden mit sich. Die Kette dieser Emotionen reiht die beiden Verluste aneinander. Ein Verlust kann auch »sekundäre« Verluste nach sich ziehen. Zum Verlust des Partners kommt dann unter Umständen der Verlust von Einkommen, Status, Zukunftsträumen, der Verlust des Hauses oder der Wohnung, der Verlust von Gesundheit, Sicherheit, Vertrauen, Freunden hinzu. Ich habe eine Witwe kennengelernt, die von ihren engsten Verwandten tief enttäuscht wurde. Diese waren der Meinung, es müsse einmal Schluss sein mit ihrem Kummer und ihrer Trauer. Doch gerade von diesen Menschen hatte sie Geduld und Raum für ihre Trauer erwartet. Konsterniert stellte sie fest, dass man ihr das nicht zugestand. Nach dem alles überwältigenden Verlusterlebnis durch den Tod ihres Mannes musste sie nun auch den Verlust jeglicher Unterstützung durch ihre nächsten Angehörigen verkraften.

Folgeverluste kommen wie Nachbeben eines ersten Erdbebens. Oft zum Erstaunen der Trauernden, die sich gerade eben den Schutt des erstens Bebens aus den Kleidern klopfen und dann unter neuem Geröll verschüttet werden. Mein Mann Alexander wollte beispielsweise keine Kinder haben. Damit hatte ich mich abgefunden, denn ich wollte mit ihm leben. Als er starb, war ich 41 Jahre alt. Ich hatte keine Kinder und ich hatte keine Perspektive auf Kinder. Dieser Umstand wurde mir Monate nach seinem Tod bewusst. Es fühlte sich wie ein weiterer Verlust an.

Ein Verlust wird einem Hinterbliebenen endlos oft vor Augen geführt, in unzähligen kleinen konfrontativen Situationen, die erst einmal gar nicht bewusst sind. Immer wieder versetzt es einem einen Schlag. Ein Formular, auf dem man den Familienstand angeben muss. An ihn adressierte Post. An Himmelfahrt eine Rechnung vom AMC über medizinische Leistungen, erbracht an diesem letzten Abend. Die Krankenkasse hat alles übernommen, nur nicht den Schmerz in meinem Herzen.

In der tiefsten Trauer steht etwas zwischen dir und dem Rest der Welt. Du triffst andere Menschen, aber ihr versteht euch nicht. Du lebst wie unter einer Glasglocke. Isoliert. Einsam. Das Gefühl, dass du dazugehörst, dass du irgendwo zu Hause bist, ist dir verloren gegangen.

Mit der Zeit kommen andere Verluste hinzu. Aufräumen ist ein Verlust des materiellen Besitzes deines Liebsten. Erinnerungen verblassen und du kannst sie nicht mehr mit ihm teilen. Am 27. Januar vor zwanzig Jahren hatte unsere Beziehung angefangen. Was ist davon jetzt noch von Bedeutung? Unsere besonderen Festtage gehen verloren.

> Ein Leben mit der Leere, ein Leben, das sein Tempo und seinen Spirit verloren hat, wird zu einem Leben von Tag zu Tag, mit unruhigen, schlaflosen Nächten. Oder mit Schlaf, der aber keine Erholung bringt. Es kann sehr einsam sein. Dein Leben wirkt nur noch wie ein Schatten dessen, was es einmal war. Du spürst selbst, dass du nicht mehr fröhlich bist, dass du andere Menschen eher abstößt als anziehst. Es sieht so aus, als würde man dich meiden, wie jemanden mit einer seltsamen Krankheit.
>
> *Marinus van den Berg, »Rouwen in de Tijd«, 2009*

Meine Freunde waren anfangs zu 200 Prozent für mich da. Ohne sie hätte ich es nicht geschafft und ich werde ewig dankbar dafür sein. Trotzdem veränderte sich durch den Verlust alles. Ich, sie, unsere Beziehung. Die Treffen fühlten sich zunehmend schmerzhaft an. Wir alle zusammen, das bedeutete nun »eben nicht alle zusammen«. Vergangene Zeiten wurden zu oft herbeizitiert. »Auch die liebsten und verständnisvollsten Menschen reisen irgendwann wieder ab in ihr eigenes Leben«, wie Jos Brink so treffend in seinem Buch *Rouw op je dak* (2007) schreibt. Meine Freunde und ich entfernten uns voneinander. Manchmal vermisse ich sie noch sehr. Am meisten vermisse ich, wie es sich anfühlte, als wir noch vollzählig waren, unendlich geborgen, lustig und vertraut, eine erweiterte Familie.

Thema Familie, wie gehen Sie mit Ihrer Schwiegerfamilie um? Nennen Sie sie noch Schwiegerfamilie? Oder verliert man die angeheiratete Familie dann auch? Dafür gibt es keine Regeln. Bei mir war nicht so viel Schwiegerfamilie. Es gab die Schwiegereltern, eine Schwägerin und zwei Neffen, sehr übersichtlich. Ich ging früher mit zu Esseneinladungen und zu Geburtstagen und das war es eigentlich schon. Nachdem Alexander gestorben war, wurde ich nicht mehr zu den Geburtstagen eingeladen. Ich stand nun wieder außerhalb dieser Familie. Seine Eltern besuchte ich nach wie vor, mehr aus Pflichtgefühl, wie eine Abgesandte ihres Sohnes auf Erden. Lang hielt ich das nicht durch, es kostete mich zu viel Kraft. Mit meiner Schwägerin hat sich das Band in dieser Zeit enorm vertieft. Dieses Band ist unabhängig von Familientreffen. Auf dem Fundament der Vergangenheit haben wir uns als wertvolle Freundinnen entdeckt. So kann es auch gehen.

Ein nicht zu unterschätzender Teil meines Verlusts betraf die Zukunft. Eines Tages wurde mir bewusst, dass die zweite Reise nach Australien nun nicht mehr stattfinden würde. Nie mehr. Durch den Verlust der Zukunft fühlte ich mich erneut betrogen.

> Zu dem tatsächlichen Todesfall kommt auch noch der Tod der Hoffnung, der Träume und der Erwartungen an die Zukunft hinzu.
>
> *John W. James & Russell Friedman, »Trauer(n) heilt«, dt. Erstausgabe 2010*

Ein Unglück kommt selten allein. Das trifft auch auf große Verluste zu. Oft ziehen sie weitere Verluste, mit denen man nicht gerechnet hat, nach sich. Der Dominoeffekt eines Verlusts macht Trauern so komplex und unübersichtlich.

Marathon für die Seele

Der Tod hatte ein Loch in mein Leben gerissen und ich wusste weder, ob ich dieses Loch wieder schließen konnte, noch, ob ich das wollte. Ich befand mich in einer Achterbahnfahrt der Gefühle, die schnell und unerwartet ihre Farbe wechselten. Es gab Momente, da dachte ich, es geht wieder einigermaßen, und fünf Minuten später war klar, dass ich die Mascara zu früh aufgetragen hatte. Natürlich war ich traurig und wütend und nicht nur weil die Waterproof Mascara ihr Versprechen nicht hielt. Es war so ungerecht, dass ich jetzt alleine war. Trotzdem war ich auch erleichtert und dankbar, dass alles so schnell gegangen war, dass er es wahrscheinlich nicht einmal realisiert hat und dass er nicht für den Rest seines Lebens vor sich hin vegetieren musste. Aber dann stimmte es mich wieder traurig, dass ich so etwas dachte, und Schuldgefühle machten sich breit.

So viele Emotionen kamen in mir hoch und überfielen mich in völlig unerwarteten Momenten. Ich verstand das alles nicht, was war bloß los mit mir? Vor allem am Anfang war es so, als ich noch keine Vorstellung davon hatte, was Trauern bedeutet. Ich erkannte mich selbst nicht wieder und dachte, ich werde verrückt. Ich war ein Spielball dieser intensiven Gefühle. Immer wenn ich glaubte, ich hätte mich ein wenig gefangen, wurde ich gnadenlos eines Besseren belehrt. Darauf war ich absolut nicht vorbereitet.

In dem Buch »Trauer(n) heilt« von John W. James & Russell Friedman wird Trauer folgendermaßen definiert:

> Trauer ist der Ausdruck für alle widersprüchlichen Gefühle, die durch ein Ende oder eine Veränderung eines vertrauten Lebensmusters verursacht werden.

Meine Sinne waren permanent überreizt. Alles, was mit ihm, mit mir und meinem Verlust zu tun hatte, kam beißend scharf bei mir an. Alles andere übrigens auch. Ich erinnere mich, wie unerträglich laut manche Geräusche auf einmal waren. Die übrige Welt kam mir verlangsamt und wie auf Abstand vor, ein Theaterstück, an dem ich nicht beteiligt war. Und an dem ich auch absolut kein Interesse hatte, es hätte mich zu viel Kraft gekostet. Natürlich schlief ich meistens schlecht. In meinem Kopf läuft immer wieder derselbe Film ab. Dass er mich im Büro anruft, dass ich ins Krankenhaus fahre, dass die Ärzte mir sagen, sie können nichts mehr für ihn tun, und wie er da liegt in der Erwartung einer Organtransplantation. Er sieht aus, als würde er schlafen. Diesen Film habe ich Tausende Male gesehen. Jeden Moment, jede Stunde, jeden Tag und vor allem nachts.

Die ganze Zeit überlegte ich, warum er nicht mehr hier ist, was ich falsch gemacht hatte, ob er wirklich schon fertig war mit seinem Leben, ob ich besser auf ihn hätte aufpassen müssen. Ich war müde und erschöpft und trotzdem wurde ich jede Nacht wach. Ich wollte getröstet werden, aber nur von ihm. Ich bekam in jeder Hinsicht meine Grenzen aufgezeigt. Ich war wütend, traurig, verzweifelt, ungläubig, schockiert. Das alles machte die Trauer, die Reise quer durch das Land der Trauer, bleischwer. Darum war ich so müde, obwohl ich ja eigentlich nichts »tat«.

Trauern ist Marathon
für die Seele.
Ein Marathon,
auf den man sich
nicht vorbereiten kann.

Trauerarbeit für Dummies

Es gibt Dinge, die hören sich schlimmer an, als sie in Wirklichkeit sind. Für den Witwenstand gilt das nicht. Es hört sich fürchterlich an und ist in Wirklichkeit noch viel schlimmer. Man sagt ja manchmal: »Man sieht nur das, was man kennt.« Genau so war es.

Ich hatte keinen blassen Schimmer, was Trauern bedeutet. Meine bisherige Erfahrung beschränkte sich auf die Trauer um unseren treuen Schäferhund, der eingeschläfert werden musste, als ich 13 Jahre alt war. Ich weinte und stürzte mich in die Prüfungsvorbereitung, was mir hervorragende Noten bescherte. Wir bekamen einen neuen Hund. So ging man also mit einem Verlust um? Man versucht, sich abzulenken, und dann ersetzt man das, was man verloren hat, durch etwas Neues.

Nach ein paar Monaten als Witwe war ich mit meiner Portion Traurigkeit, Tränen und Taschentücher durch. So sah ich das zumindest. Ich nahm mich selbst ja nicht als Witwe wahr. Mein Mann war zwar (plötzlich) gestorben, aber das Witwendasein konnte ich nicht mit mir in Verbindung bringen, das war etwas für andere. Es passte nicht zu meinem aktiven, erfolgreichen Leben. Außerdem war ich dafür dreißig Jahre zu jung. Ich kannte nur eine Witwe und die steckte in einer Flasche: *Veuve Clicquot*. Keine meiner Freundinnen war Witwe. Es war schlicht kein Platz in meinem Leben für ein solches Drama.

Für mich war es Zeit, zum normalen Leben zurückzukehren. Das habe ich eines Tages so beschlossen. Mit dem Wissen, das ich heute habe, kann ich nur herzlich darüber lachen. Was für eine Naivität, was für ein drolliger Optimismus. Natürlich hatte ich verstanden, dass sich mein Leben wesentlich verändert hatte; aber ich glaubte damals wirklich, dass ich mein »Problem« durch diesen Beschluss lösen könnte.

Ich kehrte also zurück in den Normalzustand. Das war mein Plan. Und so ging das ungefähr: Nachdem ich morgens nach wieder einer gebrochenen Nacht, in der ich wieder stundenlang wach gelegen hatte, endlich den Mut fand, aufzustehen, mich anzog und schminkte, kam ich tatsächlich schließlich an meinem Arbeitsplatz an. Oder beim Fitnesscenter. Heulend versuchte ich dann, mich dazu zu bringen, aus dem Auto zu steigen und zur Arbeit oder ins Training zu gehen.

Es dürfte Sie nicht überraschen, dass mein Plan nicht aufging. Es gab keinen Faden, den ich wieder hätte aufgreifen können. Je mehr ich mich dagegen auflehnte, desto ratloser wurde ich. Ich schaffte es nicht, zurückzukehren zu einem Normalzustand. So gern ich auch daran glauben wollte, mein Leben würde nie mehr so sein wie früher. Ich stieß an die Grenzen des positiven Denkens. Trauer verändert alles.

Ein Verlust ist nicht ein Problem, das sich lösen lässt. *Der Tod offenbart Liebe,* sagt Marijtje van der Horst so schön. Man kann nur trauern, wenn man vorher geliebt hat. Je größer die Liebe, desto tiefer die Trauer. Gegen die Trauer anzukämpfen ist genauso aussichtslos wie gegen die Liebe anzukämpfen. Liebe ist da, und genauso ist die Trauer da. Als mir das einmal bewusst wurde, spürte ich, dass ich es erlauben konnte, meine Trauer zuzulassen. Mit diesem Kummer leben zu lernen, das wurde für mich die Essenz des Trauerprozesses. Das Trauern lernte ich mit vielen Rückschlägen.

Trauerarbeit für Dummies heißt, alle Gefühle zuzulassen, jeden Tag wieder neu anzufangen und einmal öfter aufzustehen als man hinfällt.

Trauer –
was der Kopf schon weiß,
muss das Herz noch lernen.

Der Verlust ist da, noch bevor der Elefant gepustet hat

Alexanders Eltern haben ihren Sohn überlebt. Alles war so, wie es nicht hätte sein sollen. Seine Mutter Lily ist in dem Moment, in dem ich dies schreibe, seit fast einem Jahr tot. Sie lebte immer sehr gesund, ihr Verstand blieb messerscharf. Dann fing ihr Körper an zu schwächeln, sie war schon weit in ihren Achtzigern. Sie stürzte. Und sie stürzte wieder. Nachts. Lag stundenlang im Badezimmer, ohne Hilfe. Ein Alptraum ohne Schlaf.

Alexanders Mutter hat den Zeitpunkt ihres Todes selbst bestimmt [das ist in den Niederlanden möglich]. Ich respektiere das. Für mich war das allerdings ein völlig neues Konzept, der selbstbestimmte Tod. Alexander war plötzlich gestorben. Seine Mutter wusste vier Wochen vorher, dass sie sterben würde.

Ich muss ganz ehrlich sagen, dass ich in den letzten Jahren keinen Kontakt zu ihr hatte. Ich habe an sie gedacht und ich habe darüber nachgedacht, wieder Kontakt aufzunehmen. Aber letztlich blieb es bei dem Gedanken. Ich hatte nicht die Kraft dafür. Als ich von meiner Schwägerin erfuhr, dass es ein Sterbedatum gab, fand ich es zunächst abwegig, mich in der Situation noch einmal bei meiner Schwiegermutter zu melden. Besonders herzlich war sie mir gegenüber ja nie gewesen, sollte ich das jetzt einfach über Bord werfen?

Und dennoch, auf dem Fahrrad zum Bahnhof am frühen Morgen überfiel mich ein Gefühl der Traurigkeit und Nostalgie. Es ging schließlich um die Mutter meines geliebten Partners. Die Vorstellung, nichts zu tun, mich rauszuhalten, löste Unruhe in mir aus. Ich beschloss, ihr eine Karte zu schreiben. Ich erklärte darin, warum ich den Kontakt losgelassen hatte, dass es mir leidtat und dass ich die schönen Erinnerungen in Ehren halten würde. Auf der Karte war ein Einhorn zu sehen. Einhorn war der Mädchenname meiner Schwiegermutter.

Sie rief mich an und schnell war mir klar, dass sie sich nicht im Geringsten geändert hatte. Sie freute sich, dass ich mich erholt hatte (und wieder in die Arbeit ging). Das sollte ich auf jeden Fall beibehalten. Ja, es war schade, dass wir uns aus den Augen verloren hatten, aber ach, so war es nun einmal. Der Smalltalk über dies und das war ein absolutes Kontrastprogramm zur großen Unruhe in meinem Kopf. Was sagt man einem Menschen, der in einer Woche nicht mehr da sein würde? Es gelang mir nicht, die richtigen Worte zu finden, aber ich spürte, dass meine Intention angekommen war. Zwischen den Zeilen wurde viel gesagt. Am lautesten sprach die Stille. Wir kamen zum Ende des Gesprächs: »Danke für den Anruf«, sagte sie und ich wünschte ihr viel Kraft.

Ich lebte in einer gedämpften Spannung auf das Datum hin, an dem meine Schwiegermutter ihren letzten Atemzug machen würde. Ich war schon vor dem Datum sehr traurig. Man nennt das auch »antizipierende Trauer«: Sie war noch da, aber sie war auch nicht mehr da.

Am 26. Mai 2016 schien nach einigen regnerischen Tagen wieder die Sonne. »Ein schöner Tag zum Sterben.«

Seltsam, dass ich das dachte. Die Mutter meines Liebsten war im Begriff, uns zu verlassen. Hoffentlich waren Alexander und sein Vater und seine Mutter künftig zusammen, irgendwo da oben.

Jetzt hatte ich nur noch meine Schwägerin. Und einen großen Stapel Hermès-Schals. Alexanders Mutter war eine Frau mit Stil, sie trug Pucci-Kleider, Chanel-artige Kostüme und sie besaß jede Menge Hermès-Schals. Mir gefielen die Sachen immer gut, vor allem die Schals. Ich erfuhr im Nachhinein, dass Alexander kurz vor seinem unvorhersehbaren Tod mit seiner Schwester besprochen hatte, dass ich einmal diese Schals erben sollte. Hatte er doch so etwas wie eine Vorahnung? Seine Schwester hielt Wort und so bin ich nun die stolze Besitzerin mehrerer, wunderschöner Vintage-Schals von Hermès. Die Schals geben mir Kraft, wenn ich sie trage, das ist für mich das Wichtigste, sie sind eine stoffliche Verbindung zu meinen Erinnerungen.

Ein Gedächtnis haben wie ein Elefant – Elefanten gehören zu den sensibelsten Tieren überhaupt.
Elefanten mögen zwar eine dicke Haut haben, sie sind aber sensibel und in der Lage, einen Verlust zu empfinden und zu trauern. Elefanten trauern um geliebte Lebensgefährten sogar noch nach Jahren. Wenn ein Elefant einen Ort passiert, an dem er auf das Skelett eines gestorbenen nahen Artgenossen trifft, wird er stehenbleiben und mit seinem Rüssel die Knochen berühren, beschnüffeln, bewegen und liebkosen.
Im Hinduismus ist der Elefant ein Symbol für die Unsterblichkeit und die Überwindung des Todes.

Tier und jetzt

Wenn wir unsere zwei Katzen Loekie und Simba mitzählen, waren wir zu Hause zu viert. Die Katzen waren für uns wie Familienmitglieder. Wenn wir uns im Bett eine TV-Serie anschauten und die Katzen waren bei uns, sagten wir: Die Familie ist wieder komplett.

Für viele Menschen gehören Haustiere im täglichen Leben einfach dazu. Sie leben mit uns an dem Ort, wo wir zu Hause sind, wo wir uns sicher fühlen und ganz bei uns sind, in Freude und im Leid. Im Alltag sind Aufgaben wie mit dem Hund rausgehen oder die Katze füttern feste Rituale. Es gibt nichts, was einen mehr in das Hier und Jetzt bringt als eine Katze auf dem Schoß (oder dem Wohnzimmertisch).

»Kann man tatsächlich um ein Haustier trauern?« Diese Frage habe ich oft gehört. Natürlich kann man das! Ein Haustier ist immer da, man muss sich nicht mit ihm verabreden, und solange bestimmte Grundbedürfnisse erfüllt werden (Futter, Leckerlis), hat man einen Freund fürs Leben.

Leider ist auch die Lebenszeit unserer Haustiere begrenzt.

Wenn wir uns von unserem Haustier verabschieden müssen, kann das starke Gefühle der Trauer auslösen. Meine Loekie wurde fast zwanzig Jahre alt. Sie hat es länger bei mir ausgehalten als so mancher Mann. Alle Umzüge hat sie mitgemacht. Sie war so lange bei mir, war Teil meiner Geschichte und Zeugin vieler Höhe- und Tiefpunkte in meinem Leben. Sie war wie eine Herzensfreundin oder ein Kind für mich. Ich hatte sie aus dem Tierheim gerettet, sie bereicherte mein Leben durch ihre Anwesenheit. Eines Tages erlitt sie eine Gehirnblutung, erklärte mir der Tierarzt. Das kannte ich doch schon irgendwoher? Mein Wunsch, ihr unnötiges Leid zu ersparen, gab mir die Kraft, sie einschläfern zu lassen.

Simba war von den beiden die Dominante. Wenn es klingelte, rannte sie knurrend zur Tür. Ganz eigener Charakter. Sie folgte mir auf Schritt und Tritt, schlief bei mir, trank aus dem Wasserglas auf meinem Nachtkästchen, saß auf dem Rand der Badewanne, wenn ich ein Bad nahm. Sie war der Schatten, den ich vermisste, wenn wir im Urlaub waren. Der Schatten, den ich immer noch vermisse. Sie wurde fast achtzehn Jahre alt. Am Ende wollte sie nicht mehr fressen. Diese vollschlanke Katze, *also known as* Obelix, wurde immer dünner. Ich konnte nichts für sie tun und war verzweifelt.

Nachts stand ich auf und schaute, ob sie nicht doch etwas fressen wollte. Ich bot ihr Roastbeef und frischen Fisch an. Es half alles nichts. An einem Freitag musste ich einsehen, dass ich so nicht ins Wochenende starten konnte. Ich rief den Tierarzt an und bekam für zwei Stunden später einen Termin.

Simba lag noch zwei Stunden unwissend und eigentlich nicht mehr von dieser Welt in ihrem Körbchen. Ich lag weinend daneben und versuchte, gegen die Zeit anzukämpfen, noch nicht bereit für ein Leben ohne sie.

Der Verlust eines Haustiers ist ein einschneidendes Erlebnis. Tiefe Gefühle von Traurigkeit, Schuld, Depression und Wut sind kein Hinweis, dass man verrückt wird. Trauer ist eine normale Reaktion. Manche Menschen mögen das nicht verstehen, auch das ist normal. Es gibt glücklicherweise auch Menschen, die es verstehen. Bei diesen Menschen fand ich Halt. Als ich meine Simba einschläfern lassen musste, ging ich mit bleiernen Füßen zum Tierarzt. Bei der Tierklinik erwartete mich meine beste Freundin. Das bedeutete mehr für mich, als ich mit Worten ausdrücken kann.

Jedes Tier ist einzigartig. Jede Beziehung zu einem Tier ist einzigartig. Meine Haustiere haben mir nach dem Tod meines Mannes viel Trost, Ruhe und Liebe geschenkt. Von der Vierer-Familie bin jetzt nur noch ich übrig. Meine Katzen habe ich individuell einäschern lassen. Die Asche von Loekie habe ich am Grab von Alexander bestattet. Mein Gedanke war, dass sich dort meine Liebsten versammeln und ich am Ende auch dort bin. Dann sind wir wieder zu viert und die Familie ist wieder vollständig.

Nach mehr als eineinhalb Jahren bin ich immer noch nicht über den Tod von Simba hinweg. Die Asche von Simba steht noch auf dem Kaminsims.

2

Meinen Schmerz spüren

Die Warum-Frage

Als junges Paar wurden meine Eltern mit Argusaugen beobachtet. Zwei Konfessionen auf einem Kissen, so sagte man, da kann ja nichts Gutes dabei herauskommen. Sie waren Romeo und Julia ihrer Zeit – mit dem Unterschied, dass sie überlebten. Die Folge davon war, dass sie mich nicht religiös erzogen. So entwickelte ich mein eigenes Weltbild, in dem alles seinen eigenen Platz und alles seinen »Sinn« hatte. Dieses Bild wurde durch den plötzlichen Tod meines Mannes zerrüttet. Zu dem Nicht-Wahrhaben-Wollen, meinem Kummer und der Sehnsucht kam hinzu, dass ich damit fertigwerden musste, meine fundamentale Philosophie in Frage gestellt zu sehen. Ich konnte, oder besser, ich wollte den »Sinn« dahinter nicht erkennen. Welcher Gott oder welche Naturgewalt hatte mich meines schönsten Geschenks beraubt? Das war so ungerecht, es kollidierte mit allem, woran ich glaubte.

Ich ging auf die Suche nach dem »Warum«. An einem Abend durchsuchte ich seinen Bücherschrank in der Hoffnung, irgendeine Andeutung zu finden. Ich durchsuchte seine Kleidung. Den Safe. Ich suchte überall und ich fand nichts. Noch nicht einmal den leisesten Ansatz einer Antwort auf die Frage: Warum? Das machte mich wütend. Warum dieser plötzliche, sinnlose Tod eines so schönen Menschen? Warum sterben die miesen Typen nicht zuerst, angefangen mit der Hexe im Büro? Warum wurde ich nicht gewarnt? Warum hatte ich ihn nicht zum Thrombosedienst geschickt? Warum kann ein Leben einfach so zu Ende sein?

Die Trauerarbeit besteht darin,
Fragen zu stellen,
nicht darin,
Antworten zu finden.

Manu Keirse, »Die andere Seite der Liebe«, 2013

Es war eine Riesenherausforderung für mich, ohne Antworten zu leben. Ich konnte mich auf den Kopf stellen oder im Dreieck springen, so viel wie ich wollte, ich bekam keine Antworten. Nichts. Stille. Ich fing an, aus Wut und einem Verantwortungsgefühl, das tief in meiner innersten Seele, meinem innersten Wesen verankert war, zu kämpfen. Nach und nach wurde mir bewusst, dass ich gegen mich selbst kämpfte. Ein ermüdender, kräfteraubender Kampf. Das konnte nicht so weitergehen. Ich musste akzeptieren, dass es so war, wie es war. Ich würde nie den Grund für den Tod meines Mannes erfahren.

Ich erreichte einen Moment, an dem mir klar wurde, dass das Warum nicht mehr so wichtig war. Es war schlichtweg eine neue Wirklichkeit da, eine schreckliche Wirklichkeit, in der es meinen Schatz nicht mehr gab. Eine Antwort auf die Frage Warum würde daran nichts mehr ändern. Beschwerde einreichen oder die Rücklauf-Taste drücken war sowieso nicht möglich.

Mein neues Leben als Witwe musste ich auf einem wackeligen Fundament errichten. Eine neue Wirklichkeit hatte angefangen. Ich musste mich damit abfinden.

Alles ist genau so,
wie es nicht sein soll.

TO DO
TESTAMENT
DOKUMENTE
TO DO

Es ist zum Haare-Raufen

Ein erlittener schwerer Verlust wirkt sich auf unseren gesamten Körper aus. Menschen, die eine geliebte Person verloren haben, sind empfänglicher für Krankheiten, leiden unter Schlafmangel, verändertem Essverhalten und erhöhtem Alkoholkonsum. Sie wissen, was ich meine.

Jeden Morgen fand ich Büschel Haare auf dem Kopfkissen. In meiner Haarbürste waren mehr Haare als auf meinem Kopf. Ich machte mir deshalb große Sorgen. Ich wollte sowieso keine Witwe sein, geschweige denn eine kahlköpfige Witwe. Verzweifelt saß ich bei meinem Friseur auf dem Stuhl. Aber Ruud lachte nur: »Du hast so dickes Haar, du wirst nie kahlköpfig sein.« Was für eine Erleichterung. Mit einer solchen Aussage kann der beste Therapeut nicht mithalten. Dieser Friseur war sein Geld mehr als wert. Und glauben Sie mir, billig war er nicht.

Im Internet lernte ich, dass ein Mensch im Schnitt hundert Haare am Tag verliert. Stresshormone können allerdings im Bereich des Haarbalgs Entzündungen hervorrufen und so einen verstärkten Haarausfall verursachen.

Die folgenden Lösungen wurden vorgeschlagen:

1 | *Sorgen Sie für ausreichend Schlaf (dieser Tipp kann nicht von jemandem stammen, der gerade einen großen Verlust verkraften muss).*

2 | *Versuchen Sie, sich zu entspannen (siehe Punkt 1).*

3 | *Achten Sie auf Ihre Haltung (Ich war ja schon froh, wenn ich es schaffte, aus dem Bett zu kommen).*

4 | *Lassen Sie Ihre Kopfhaut massieren (Ich müsste einen Kredit aufnehmen).*

5 | *Sorgen Sie für ausreichend Vitamin D durch Sonneneinstrahlung, fetten Fisch und Eier (und warum bitte sehr nicht Schokolade?).*

Trauern verändert nicht nur dein Leben tiefgreifend, auch deine Frisur leidet. »Dein Haar sitzt so, wie du dich fühlst«, sagte meine Mutter oft. Es stimmt: Ich fühlte mich nur noch wie ein Abklatsch dessen, was ich einmal war. Verloren.

Schlüssel im Gefrierschrank

Der Trauerprozess verlangt einem sowohl rational als auch emotional alles ab. Mein Kopf rotierte auf vollen Touren. Der Film mit den dramatischen Ereignissen wiederholte sich immer und immer wieder in meinem Kopf. Auch allerlei Erinnerungsfragmente aus unserer gemeinsamen Zeit erschienen vor meinem geistigen Auge. Erinnerungen, die mir teilweise schon abhandengekommen waren. Jedes Bild wurde gedanklich analysiert und wieder und wieder hervorgeholt. Mein Kopf war wie ein Multiplex-Kino mit 15 Sälen, meine Gefühlswelt produzierte eine intensive Emotion nach der anderen.

Mit all dem Trubel in meinem Körper war es kein Wunder, dass ich geistig zu nichts in der Lage war. Ich habe ein Jahr lang keine Zeitung gelesen. Mein Kopf war zu voll. So voll, dass sogar Routineaufgaben sich nicht mehr routinemäßig erledigen ließen. Meine Schlüssel fand ich einmal im Gefrierschrank wieder, mein Parkticket war auf mysteriöse Weise verschwunden und für nichts in der Welt fiel mir der Name meines Kollegen ein. Ich fing an, meiner 96-jährigen Oma zu ähneln, die mich fragte: »Wer bist du auch gleich wieder?«

Ganz allgemein bekam ich Angst, dass ich dabei war, dement zu werden oder in irgendeiner Weise verrückt zu werden. Verrückt vor Trauer, ich bin mir sicher, ich wäre nicht die Erste. Während mein Kopf immer noch all die Erinnerungen zu jedem Detail unseres Zusammenseins produzierte und abspulte, war mein Kurzzeitgedächtnis hoffnungslos. Weil ich mir so viele praktische Sachen nicht merken konnte, schrieb ich vieles auf kleine Notizzettel. Mein Bedarf an Post-it-Blöcken war kaum zu befriedigen. Grauer Eimer raus, Chipkarte abholen, Einkaufszettel mitnehmen. Eine an sich praktikable Notlösung. Und dennoch schaute ich des Öfteren panisch auf meine Füße, um zu prüfen, ob ich auch wirklich zwei gleiche Schuhe anhatte.

Ich erkannte mich selbst nicht wieder: Ich hatte immer ein sehr gutes Gedächtnis, war gut organisiert, hatte alles im Griff. Ich war der Typ, der genau wusste, wie viele Eier noch im Kühlschrank waren. Wie konnte ich mir jemals wieder ein Leben aufbauen (sollte es überhaupt so weit kommen), wenn mein Kopf nicht mehr mitspielte? Die Zukunftssorgen stapelten sich immer höher.

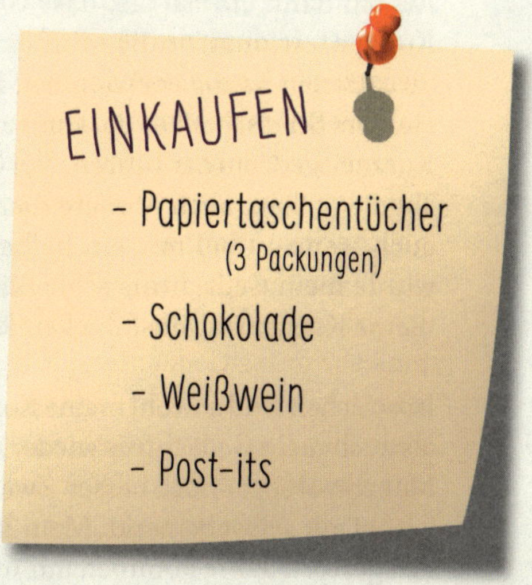
EINKAUFEN
- Papiertaschentücher
(3 Packungen)
- Schokolade
- Weißwein
- Post-its

Als ich dann einmal las, dass Gedächtnisverlust und Konzentrationsstörungen in emotional belastenden Situationen häufig vorkommen, fiel mir ein Stein vom Herzen. Stress, hieß es da, kann zu Problemen mit dem Kurzzeitgedächtnis führen. Vorübergehend! Es kann Tage, Wochen, auch Monate dauern. Und tatsächlich, auch wenn es bei mir ein halbes Jahr lang dauerte, wurde mein Gedächtnis schließlich wieder besser und meine Konzentrationsfähigkeit kehrte zurück.

Inzwischen sind sowohl meine Konzentrationsfähigkeit als auch mein Gedächtnis wieder auf dem alten Niveau. Manchmal sogar noch besser. Zwei Veränderungen habe ich bei mir selbst bemerkt. Mein Zeitgefühl ist empfindlich gestört. Jahre kommen mir manchmal wie Wochen vor und umgekehrt. Für mich fühlt es sich so an, als sei mein Mann gestern gestorben und die acht Monate in der Arbeit könnten genauso gut acht Jahre sein. Das kann ich mir nicht erklären. Die zweite Veränderung ist, dass ich noch ungeduldiger geworden bin. Wenn mir etwas zu kompliziert oder zu unwichtig erscheint, steigt mein Gehirn aus. Mit dieser Veränderung kann ich im Übrigen ganz gut leben.

Verlust

Du kannst nicht
drum herum,
Du kommst nicht
darüber hinweg.
Du musst hindurch.

Einen Elefanten verspeisen

Es gibt immer noch Schlimmeres auf der Welt. Relativieren kann einen gewissen Trost bieten, aber das eigene Empfinden zu leugnen erzeugt auf Dauer mehr Unruhe als Trost. Gefühl lässt sich nicht (weg)relativieren. Im Körper beißt sich der Stress fest. Man kann versuchen, den Deckel auf dem Topf zu halten, aber der Druck wird steigen. Bis der Topf auseinanderfliegt. Bis du auseinanderfliegst. Es ist besser, zeitig Dampf abzulassen, den Deckel einmal zu heben. Auf sinnvolle Weise, also nicht, indem man sich zu *Chardonnay*, zum Shoppen oder in den Sport flüchtet. Eh, ja, ich spreche aus Erfahrung. *Chardonnay* und Co funktionieren nur sehr vorübergehend.

Du kannst nicht drum herum. Du musst durch. Mitten durch alle Emotionen. Alle Emotionen, die da sind. Es gibt keine richtigen oder falschen Emotionen. Wut, Traurigkeit, Schuldgefühl, Angst. Es hilft schon, wenn man nicht gegen die Emotionen ankämpft. Betrachte diese Emotionen als Gäste in deinem Leben, Gäste, die keine Einladung brauchen. Manchmal haben Sie dir etwas zu sagen. Manchmal wollen sie nur wahrgenommen werden – als existent anerkannt sein. Und wie es mit allen Gästen ist: Irgendwann gehen sie wieder.

Ein wirklicher Gast würde dich natürlich nicht heulend auf dem Küchenboden zurücklassen. Die Emotionen sind intensiv und rau. Fünfzig Prozent der Witwen haben im ersten Jahr depressive Gefühle. Viele von uns bekommen Medikamente verschrieben. Wir hoffen,

Trauer durch Symptombekämpfung lösen zu können. Dabei ist es ein Teil des Heilungsprozesses, alle Emotionen äußern zu können. Die Tränen müssen geweint werden. Jede Träne trägt dich ein Stückchen durch den Verlust hindurch.

Und hier noch ein paar Worte für diejenigen, die Angst haben, von der monstermäßigen Trauer verschlungen zu werden. Ich kenne die Angst, in all den Emotionen zu ertrinken. Es klingt überraschend, aber wir sind selbst die Rettungsboje. Das menschliche Gehirn scheint perfekt mit unserem Gefühl zusammenzuarbeiten. Die beiden haben eine Krisensitzung veranschlagt und beschlossen, dass du den Schock nicht auf einmal bewältigen kannst. Das Risiko, dass du irgendwann die Flinte ins Korn wirfst und aufgibst, ist zu groß. Deshalb haben sie beschlossen, dein Gehirn zu sedieren. Diese Sedierung, die du in der Phase direkt nach dem Verlust spürst, sorgt dafür, dass die Realität nur in Teilen zu dir durchdringt. Trotz der Grausamkeit ist das Leben dir gegenüber dann doch noch ein wenig freundlich gesinnt: Das Ausmaß deines Verlusts dringt fragmentarisch zu dir durch, Stückchen für Stückchen. Das macht es fast erträglich. Erträglich genug, um den nächsten Tag abzuwarten.

Wie verspeist man also einen Elefanten? In Portionen. Sehr kleinen Portionen.

(Dies ist – nebenbei bemerkt – ein rein hypothetisches Beispiel, denn als große Tierfreundin bin ich natürlich strikt dagegen, dass wir Tiere essen und speziell Elefanten!)

Ich möchte zuschlagen

Die unschuldigste Frage (Wie geht's?) ist für einen trauernden Menschen unmöglich zu beantworten. Ich wollte natürlich nicht einfach so beim Kaffee im Golfclub sagen, dass ich verzweifelt bin, keinen Sinn mehr sehe und wütend bin. Meistens konnte ich gerade noch ein »Oh, es geht schon einigermaßen« hervorbringen. Manchmal sagte ich auch »den Umständen entsprechend« und ließ dann eine vielsagende Stille fallen. Oder, wenn ich nicht antworten wollte, tat ich so, als hätte ich die Frage nicht gehört. Jemanden so abblitzen lassen ist nicht nett, aber warum nicht, wenn mir danach ist?

Mit viel Liebe sagten Menschen manchmal Dinge, die mich innerlich fertigmachten. Versuche einmal, »stark zu sein« und »das Leben wieder aufzugreifen«. Was für ein Unsinn! Das Letzte, was ich gebrauchen konnte, waren gut gemeinte Ratschläge. Am schlimmsten waren die Ermunterungen, doch vor allem positiv zu bleiben. Oder die Menschen, die mir erklärten, dass ich doch weiterleben müsse. Auch wenn ich von Natur aus gutmütig bin: Ich wollte zuschlagen. Ich habe es nicht getan, aber ich wollte es. Ich erkannte mich nicht wieder.

Während ich also innerlich am Überkochen war, dachten die Menschen, sie hätten mir etwas sehr Liebevolles und Aufmunterndes gesagt. Zum Beispiel (und diese Liste ist bei Weitem nicht vollständig):

- *Für dich muss es doch weitergehen.*
- *Ich weiß, wie du dich fühlst.*
- *Alles wird gut.*
- *Die Zeit heilt alle Wunden.*
- *Alles hat seinen Grund.*
- *Das Leben geht weiter.*
- *Hast du dem Ganzen schon einen Platz geben können/ bist du schon darüber hinweg?*
- *Wenigstens hat er nicht leiden müssen.*
- *Er würde auch wollen, dass du glücklich bist.*
- *Du bist noch jung, du findest jemand anderes.*
- *Gut, dass du noch die zwei Katzen hast.*
- *Weißt du, wer noch gestorben / krank ist?*
- *Trotz allem: positiv bleiben, ja?*
- *Jeder hat sein Päckchen zu tragen.*
- *Es wird Zeit brauchen.*
- *Du musst das loslassen.*
- *Nach einem Jahr sind die schlimmsten Momente überstanden.*
- *Hast du es schon verarbeitet?*
- *Wenn erst einmal das erste Jahr vorbei ist.*
- *Erst müssen alle Jahreszeiten einmal durchlebt werden.*
- *... (hier können Sie einfügen, was Sie so alles zu hören bekommen haben).*

Solche Bemerkungen sind Stück für Stück tödlich – *Entschuldigen Sie das Wortspiel.* Sie werden mir und der Anstrengung, die es mich jeden Tag, jede Stunde, jede Minute kostet, um mich über Wasser zu halten, nicht gerecht. Ich fühlte mich in meiner großen Trauer nicht gesehen, meine Gefühle wurden schlicht übergangen. Das tat weh.

Anfangs war ich von solchen Bemerkungen einfach nur perplex. Es war mir unverständlich, wie jemand so etwas Unsinniges äußern konnte. Wenn man diese Sätze dann ein paar Mal gehört hat, weiß man: Das kann kein Zufall sein. Ich möchte zwar nicht von einem Komplott sprechen, aber die Einsicht, dass keine böse Absicht dahintersteckt, hat den blöden Sprüchen für mich den Stachel genommen. Die Leute wissen schlichtweg nicht, was sie sagen sollen. Und das wiederum trauen sie sich nicht auszusprechen. Stattdessen kramen sie diesen Unsinn aus. Gut gemeinten Unsinn. Ich habe mir vergegenwärtigen können, dass sie es gut meinen, und die Neigung zuzuschlagen unterdrückt.

Was ein Gegenüber sagen und nicht sagen kann, hängt von der Situation, der persönlichen Interaktion und der Art und Weise, wie man es sagt, ab. Besser ist auf jeden Fall:

- *Was ist denn passiert?*
- *Kannst du mir etwas darüber erzählen?*
- *Ich kann mir nicht wirklich vorstellen, wie schmerzhaft / niederschmetternd / herzzerreißend das für dich gewesen sein muss.*
- *Ich weiß nicht, was ich sagen soll.*
- *Wie geht es dir heute / in diesem Moment?*
- *Wie geht es dir mit dem Schlafen?*
- *Welche Momente sind besonders schwierig für dich?*
- *Machst du Urlaubspläne oder ist das noch zu schmerzhaft?*
- *Es muss sich seltsam für dich anfühlen, dass das Leben um dich herum einfach weitergeht.*

Wenn ich mir diese Aufzählung so ansehe, denke ich, es ist kein Zufall, dass diese Liste deutlich kürzer ist. Denn das Wichtigste ist letztlich das Zuhören-Können. Wenn man einen geliebten Menschen verloren hat, muss man seine Geschichte erzählen können, oft erzählen können. Damit wird die unwahrscheinliche Geschichte letztlich zur eigenen Geschichte.

Manchmal bin ich auch unsicher, wie ich reagieren soll, wenn mir jemand von einem großen Verlust berichtet; es bleibt schwierig. Wenn ich Zweifel habe, sage ich nichts, gebe der betroffenen Person aber viel Aufmerksamkeit und Raum. Wenn es sich richtig anfühlt, umarme ich die Person vielleicht.

Wenn ich dich vermisse,
gedenke ich deiner.
Wenn ich deiner gedenke,
danke ich dir für alles,
was du warst,
was du immer noch bist.
Wenn ich dir danke,
deiner gedenke,
dich feiere,
dich vermisse,
suche ich
meinen weiteren Weg.

Marinus van den Berg

Vom Blumenkohl zur Barbiepuppe

In diesem Buch erzähle ich Ihnen meine Geschichte als Witwe. Ich habe selbst keine Kinder. Das ist nun einmal so gelaufen. Natürlich bin ich in Gedanken bei den Frauen, die Kinder haben und Witwe geworden sind. Ich kann mir einiges zu dieser Situation vorstellen. Sehr viel, aber nicht alles, nicht wie das jeden Tag ist. Deshalb habe ich Witwen mit Kindern gebeten, über ihre Erfahrungen zu erzählen.

Ich habe den allergrößten Respekt vor allen Frauen, die ihren Mann verloren haben, vor Witwen, wie ich selbst eine bin: Wir leisten bleischwere Trauerarbeit. Den Partner zu verlieren verändert alles im Leben. Nicht nur im Hier und Jetzt, sondern auch in der Zukunft. Das trifft vielleicht sogar noch mehr zu, wenn man gemeinsame Kinder hat. Es schien so selbstverständlich, dass ihr eure Kinder gemeinsam großbringen würdet. Bis die Katastrophe kam: Dein Partner stirbt, nach einer Krankheit oder plötzlich und unvorhergesehen. Jetzt stehst du alleine da. Allein mit dem Rest deines Lebens und dem deiner Kinder. Hier sind ihre Geschichten:

Gerda, verwitwet: *»Meine Kinder müssen ohne ihren Vater aufwachsen und ich habe dabei eine doppelt-schwierige Rolle. Ich muss mich damit auseinandersetzen, dass meine Kinder ihren Vater vermissen und traurig sind, weil er nicht mehr da ist, UND ich muss sehen, wie ich selbst zurechtkomme, denn ich habe meinen allerbesten Freund verloren. Nun muss ich unfreiwillig meine Kinder alleine großziehen und in ihrem Trauerprozess begleiten, obwohl ich damit keine Erfahrung habe. Es ist ein Prozess des Suchens. Meine*

Kinder waren fünf und sieben Jahre alt, als mein Mann vor einem Jahr starb. Ich finde es eine äußerst schwere Aufgabe und mein Leben heute ist weit weg von den Vorstellungen, die ich einmal zu unserer Zukunft hatte. Glücklicherweise überwiegt meistens das Vertrauen.«

Zur eigenen Trauer kommt die Trauer der Kinder hinzu. Man kann ihnen ihren Schmerz nicht nehmen, auch wenn man es noch so gern tun würde. Wilma, eine Witwe mit kleinen Kindern sagt: *»Ich trauerte um den Verlust meines Mannes, um den Schmerz der Kinder und um den Verlust der Familiensituation, der Zukunft mit dieser Familie.«*

Wenn ich meinen Mann an besonderen Tagen schon so vermisse, wie mag das erst sein, wenn man Kinder hat? Wenn ich Geburtstag habe, an einem neuen Arbeitsplatz anfange, allein im Urlaub in Indien unterwegs bin, frage ich mich immer, was er dazu sagen würde. Wenn man gemeinsam Kinder hat, gibt es noch so viel mehr von diesen besonderen Momenten. Die Geburtstage der Kinder, wenn sie ihr Schwimmabzeichen holen oder einen Schulabschluss. Auf dem mütterlichen Stolz lastet das Fehlen der wichtigsten Person, die dabei sein müsste.

> »Lieber Papa«, sagt er und drückt ein Foto von ihm an seine Wange. An manchen Tagen kann ich gar nicht sagen, um wen ich am meisten weine.
>
> *Karin Kuiper, »Je mag mij altijd bellen«, 2008*

Eine Witwe mit Kindern muss allein die elterliche Aufgabe, die Kinder großzuziehen, bewältigen. Wobei die Trauerarbeit allein schon so viel Energie kostet. Hat man dann überhaupt noch Gelegenheit, seine Trauer zu leben? In diesem Buch kann ich Ihnen zwar empfehlen, sich vor allem gut um sich selbst zu kümmern, im Bett zu bleiben, wenn Ihnen danach ist, aber ich habe keine Kinder, die etwas zu essen und zu trinken wollen und angezogen werden müssen. Meine Katze muss nicht in die Schule! Isolde erzählte mir, dass sie, erst wenn die Kinder im Bett waren, endlich Zeit für sich hatte. Zeit, sich einfach hinzusetzen, zu weinen, sich zu erinnern.

Als Witwe mit Kindern kann man sich nicht selbst in den Vordergrund stellen, das Muttersein hat Vorrang. Sandra: »*Meine Kinder waren drei und sieben Jahre alt, als ihr Vater starb, ein großer Verlust. Für mich war das schwierig, weil ich für sie da sein wollte, stark sein wollte. Alles geht weiter und ich musste für drei trauern. An keinem Tag konnte ich mir erlauben zu denken: Ach, ich lasse heute einmal alles liegen, oder: Ich bleibe heute im Bett, denn für die Kinder muss man funktionieren.*«

Anita, seit zwei Jahren verwitwet: »*Ich habe zwei Kinder, zehn und sechzehn Jahre alt, die bei mir wohnen, und ich kann ihnen den Kummer und die Trauer um ihren Vater nicht abnehmen. Das ist für mich das Schlimmste überhaupt. Die Kinder kommen an erster Stelle und dann erst komme ich.*«

Wilma erzählte mir, dass sie ein Jahr nach dem Tod ihres Mannes ihre Erinnerungen aufschrieb und ein kleines Buch für ihre Kinder daraus machte. Denn ihre Kinder haben zwar viele Fotos, aber keine eigenen Erinnerungen an ihren Vater. Das Büchlein hat ihr selbst geholfen, den Kopf freizubekommen. Ihr damals 7-jähriger Sohn wollte das Buch sofort lesen. Ihre Tochter hat erst an ihrem neunzehnten Geburtstag nach dem Erinnerungsbuch gefragt.

Kinder können nicht permanent trauern. Sie tun es in Abschnitten. Wilmas Tochter wollte einmal beim Abendessen wissen, ob ihr Papa Blumenkohl mochte. Daraus entwickelte sich ein Gespräch über Papa; was er gern mochte, wer er war. Danach redete Wilmas Tochter übergangslos über die neuen Barbiepuppen ihrer Freundinnen weiter. So kann man über einen geliebten Menschen reden, ohne dass es zu belastend wird.

Wenn Kinder von zu Hause ausziehen, ist das für viele Eltern ein Anlass zu trauern. Verwitwete Mütter empfinden das möglicherweise noch stärker. Doreen: *»Dass die Kinder ausgezogen sind und ich umgezogen bin, das war für mich schon dramatisch. Ich habe zu der Zeit viel geweint … vielleicht sogar noch mehr als damals, als Hans gestorben ist … ich fühlte mich zum ersten Mal richtig allein.«*

Wenn die Kinder schon außer Haus sind, liegen die Dinge möglicherweise wieder anders. Linda erzählte mir, dass sie während der Krankheit ihres Mannes alles gemeinsam mit ihren erwachsenen Kindern und Enkeln machte: ins Krankenhaus fahren, Kaffee trinken, fernsehen. Aus diesen Erinnerungen schöpft sie noch immer Trost.

Darüber hinaus gibt es noch einen weiteren Aspekt, das hoffe ich jedenfalls von ganzem Herzen. Ich stelle es mir wie eine unerschöpfliche Quelle des Glücks vor, wenn man ein physisches Echo des Liebsten bei sich hat. Anne: *»Ich bin sicher, dass meine Kinder ihren Papa für immer in ihren Herzen haben, das tröstet. Und gemeinsam schlagen wir uns durch. Meine Kinder geben mir die Kraft weiterzumachen, so schwierig es auch ist!«*

Todesanzeige aufgeben

Wie viel es zu regeln gibt, wenn der Lebenspartner / Ehemann stirbt, davon hatte ich, offen gestanden, keine Ahnung. Nehmen wir alleine die Todesanzeige. Was bis dato noch eine unwirkliche und interne Angelegenheit zwischen dir und deinen Lieben war, muss dann an die Außenwelt kommuniziert werden. Dadurch gewinnt das ganze Sterben auf einmal enorm an Realität: Wenn es in der Zeitung steht, muss es ja wahr sein. Ein persönliches Drama reduziert auf eine Anzeige. Der Text soll kurz und bündig sein, praktische Information enthalten und auch etwas Persönliches.

Das ist wirklich schwierig, in einer Anzeige das Wesentliche des Geliebten wiederzugeben und gleichzeitig das eigene Gefühl der Zerschlagenheit auszudrücken. Und das alles unter Zeitdruck, denn bei der Zeitung gibt es eine *Deadline* – und die Karten müssen in die (Trauer) Post. Letztlich, und unter Berücksichtigung der Umstände, war ich mit der Anzeige zufrieden.

Später hörte ich, dass der eine oder andere beim Lesen des Textes, in dem unter anderem auch stand »anschließendes Beisammensein mit Getränken und Häppchen« die Stirn runzelte. Diese kritische Randnotiz nahm ich gelassen hin. Auf irgendeine Weise – auch wenn ich in einer Blase des Nicht-Glauben-Könnens und des Schocks lebte – war meine Intuition völlig offen. Alle Entscheidungen fanden in einer Art Flow, einer Art Trance statt. Alle Entscheidungen waren gut, alles klappte. Das galt nicht für das Geschehen an sich. Inwieweit sich mein

Leben fundamental geändert hatte, würde erst später in vollem Umfang zu mir durchdringen.

Inzwischen habe ich ein makabres Interesse an der Lektüre von Traueranzeigen entwickelt. Ich habe den Eindruck, Traueranzeigen werden immer persönlicher im Ton und in der Gestaltung. Manchmal ist eine Mini-Biographie dabei. Oder es wird ein neuer Schrifttyp verwendet. Ein Foto. Immer berechne ich anhand der Daten, ob eine Person jünger oder älter als mein Mann war. Auf einmal habe ich dazu eine Meinung. Wenn der Verstorbene älter war, scheint es mir akzeptabel. Jünger ist schlimmer. Und dann klopfe ich mir mit dieser Messlatte selbst auf die Finger, denn Trauer kennt keine Hierarchie. Das weiß ich nur allzu gut.

Da wir im digitalen Zeitalter leben, findet man die meisten Todesanzeigen auf ewig (?) im Internet, man muss nur den Namen der verstorbenen Person eingeben. Damit kann ich leben. Was mir aber bitter aufstößt, ist, dass unter den »Treffern« auch Einträge wie dieser sind (»Schoolbank«): *»Schau dir das Profil mit Fotos deines Schulfreunds und alten Klassenfotos an und nimm wieder Kontakt zu Alexander auf.«*

Tja, wenn das möglich wäre … Dann gäbe es dieses ganze Buch nicht.

Grabesstimmung

Die erste Woche nach Alexanders Tod habe ich nicht wirklich bewusst erlebt. Es war, als würde sich jemand anderes in meinem Körper befinden. Ich war wie betäubt von diesem Schock und – ja, wie soll ich es sagen – vom reichlich fließenden *Chardonnay*. Viel Zeit für Reflexion hatte ich nicht, es gab so viel zu tun, von Trauerkarten schreiben, einen passenden Ort für die Abschiedsfeier finden, über Musikauswahl treffen bis hin zur Entscheidung für einen Friedhof und dem Finden der richtigen Worte.

Die von meinen Freunden sorgfältig ausgesuchte Dame vom Bestattungsinstitut lotste mich Schritt für Schritt durch den Prozess der Beisetzung und aller Formalitäten. Die Dosierung war sehr fein, viel Platz war in meinem Kopf nicht frei. Ich sehe mich heute noch an unserem großen Esstisch sitzen, mir gegenüber die Frau vom Bestattungsinstitut. Ich betäubt und bestürzt, sie professionell und einfühlsam. Zwischen uns die aufgeschlagenen Ordner mit Fotos. Von Särgen.

Der Grabstein kommt später, sagte die Frau vom Bestattungsinstitut. Als dieses »später« eintraf, nach der Beisetzung, bekam ich auf einmal Werbematerial für Grabsteine und -monumente zugeschickt. Eine Welt geht zu Ende, eine andere öffnet sich: Die Welt der marmornen Grabsteine und des silbernen Asche-Schmucks. Diese Art Shopping war von einem anderen Kaliber als meine sonstigen Einkaufstouren, bei denen es um Schuhe oder Kleidung ging. In dieser neuen Welt konnte ich nicht innerhalb von 14 Tagen umtauschen. Die Kaufentscheidung musste beim ersten Mal sitzen. Passen als Monument für einen phantastischen Menschen. Geeignet für die Ewigkeit. Oder zumindest für die nächsten sechzig Jahre. So lange hatte ich das Grab nämlich gemietet.

Was in den Hochglanzbroschüren zu sehen war, sprach mich überhaupt nicht an. Zu viel Marmor, zu protzig, zu barock. Ich wünschte mir etwas Einfaches. Es wurde ein unbearbeiteter Stein. Auf dem Utrechter Hügelrücken konnte ich mir selbst einen aussuchen. Aus den langen Reihen von Grabsteinen, die auf ihre neue Aufgabe als Monument warteten, hatte ich hoffentlich genau den richtigen ausgewählt. Ich erklärte, welchen Text ich auf dem Stein haben wollte. Auch das sollte einfach und stimmig sein. Sein vollständiger Name, Geburtsdatum, Sterbedatum. Das Symbol der Freimaurerei darüber, denn das war wichtig gewesen. Daraufhin eine praktische Frage: »Müssen wir davon ausgehen, dass noch ein zweiter Name hinzukommt?« So begegnet mir nicht nur die Sterblichkeit meines Liebsten immer und überall, ich werde auch mit meinem eigenen Ende konfrontiert. Denn es ging dabei natürlich um meinen Namen.

Den richtigen Schrifttyp auszusuchen war kompliziert. Tagelang war ich mit Mappen voller Schrifttypen beschäftigt. Meine Freunde, die Verwandten, wen habe ich nicht alles um Rat gebeten. Schließlich fiel die Wahl auf zierliche bronzefarbene Buchstaben. In Alexanders klassischem Stil. Schade, dass ich nie wissen werde, ob sie ihm gefallen.

Der Stein wurde platziert. Ein Meilenstein war erreicht. Bei jedem Besuch las ich wieder ungläubig seinen Namen. Aber es stand da. Der Name, den ich so oft gesehen hatte. Mit dem Datum, das sein Ende bezeichnet. Ein viel zu frühes Ende. Definitiv.

Noch zu ergänzen mit meinem Namen und Sterbedatum. Gut möglich, dass ich das nicht mehr erleben werde …

Die Stille der Sehnsucht
Spricht lauter
Als tausend Worte.

3

Mein Herz heilen

Trampelpfad

> Trampelpfade entstehen durch häufiges Begehen gleicher Wegstrecken in unwegsamem Gebiet durch Mensch oder Tier [...]. Trampelpfade bilden eine Abkürzung [...] oder den einzig gangbaren Weg um Hindernisse herum.
>
> *(Quelle: Wikipedia)*

Der kürzeste (und zugleich beschwerlichste) Weg, den ich zur Heilung meines Herzens zu gehen hatte, sollte mich direkt durch den Schmerz hindurchführen. Restlose Verzweiflung und Erschütterung zulassen, tausende Tränen weinen und unzählige schlaflose Nächte überstehen. Trotz der fehlenden Lebensfreude leben lernen. Das endlose Suchen nach der Geborgenheit, die für immer verloren ist. Mich dem ganzen Elend stellen. *Aber Maya, das hört sich nicht nach Heilung an, es klingt, als würdest du nur noch mehr zugrunde gehen!* Es ist beängstigend, ich weiß. Vor allem am Anfang. Ich stürzte in ein schwarzes Loch. Freier Fall, tiefer und tiefer.

Bis ich auf dem Boden aufschlug. Ich war aus-gefallen. Auf dem Boden des schwarzen Lochs die vage Erkenntnis, dass ich jetzt nur noch nach oben konnte – nach oben musste. Ich lasse mich nicht unterkriegen, diese Worte kreisten durch meinen Kopf.

Während des Aufstiegs rutschte ich noch unzählige Male zurück in das schwarze Loch. Das Wichtigste ist, durchzuhalten, immer wieder aufzustehen, wie schwierig es auch sein mag. Noch heute, Jahre später stürze ich gelegentlich ab. Ich kämpfe aber nicht mehr dagegen an. Ich weiß, dass ich danach wieder aufstehen werde. Damit verliert das Durchleben meines Schmerzes ein wenig den Schrecken. Ich kann das Abstürzen zulassen, ganz ohne Panik.

> Wenn Sie sich für tiefe Trauer öffnen, kann unter dem Schmerz etwas Neues geboren werden. Sie nehmen sich selbst auf einer tieferen Ebene an.
>
> *Hannah Cuppen, »Liebe und Bindungsangst«, 2016*

Nicht jeder Mensch ist in der Lage, den Schmerz zuzulassen. Manche flüchten in eine andere Wirklichkeit, stürzen sich in Arbeit, auf die Kinder oder etwas anderes. Sie schalten ihr Gefühl aus und werden innerlich taub. Die Erfahrung hat mich gelehrt, dass das nur vorübergehend funktioniert. Trauer offenbart sich letztendlich immer. Das kann ein Jahr dauern, es kann auch zwanzig Jahre dauern. Ich habe Geschichten von Menschen gehört, die einen Sterbefall in ihrer Umgebung miterleben und dann von Trauer über einen Verlust aus ihrer Kinderzeit ergriffen werden. Der Domino-Effekt bei Verlust: Jeder Verlust kann ein Trigger für unverarbeitete, frühere Verluste sein. Den Verlust zuzulassen ist der erste Schritt zum Heilwerden. Das kann, wie gesagt, auch zwanzig Jahre später erfolgen. Trauern ist ohne Zeit und Raum.

Die Theorie der Trauer

Vielleicht halten Sie dieses Kapitel für nicht so besonders fesselnd, dennoch möchte ich zwei Theorien der Trauer hier ansprechen. Es gibt übrigens noch viel mehr Theorien, aber dafür sind andere Bücher da. Die eine Theorie habe ich ausgewählt, weil sie oft zu Missverständnissen führt und Betroffene glauben, sie seien nicht normal (was bei Trauernden sowieso schon häufig vorkommt). Die andere Theorie werde ich kurz beschreiben, weil sie sehr gut darlegt, was Trauerarbeit beinhaltet.

Die meisten Menschen haben schon einmal von den Trauerphasen, die Elisabeth Kübler-Ross beschrieben hat, gehört. Der Gedanke ist, dass der Trauerprozess in Phasen abläuft. Als Erstes tritt die Phase der Leugnung auf. Dann folgt Phase 2, der Zorn, den besonders die Menschen, die einem am nächsten sind, zu spüren bekommen. Der Trauernde ähnelt einem Elefanten im Porzellanladen. In der nächsten Phase (Phase 3) nimmt man den Kampf auf, um danach in eine Depression (Phase 4) zu fallen. Weder das Zornig-Werden noch das Kämpfen haben einen weitergebracht. Man fühlt sich ohnmächtig. Bis eine Zeit anbricht, in der man als Hinterbliebener den Verlust akzeptiert und sein Leben ohne den geliebten Menschen einrichtet (Phase 5).

In der Beschreibung der Emotionen habe ich vieles wiedererkannt. Kübler-Ross hat diese Phasen auf der Grundlage ihrer Gespräche mit Sterbenden, nicht mit Hinterbliebenen, herausgearbeitet. Mir ist der Hinweis wichtig, dass die einzelnen Phasen während des gesamten Prozesses ineinandergreifen. Die Emotionen treten nicht der Reihe nach auf. Sie bestürmen die Trauernden, ringen miteinander und überlagern einander. So viele widerstreitende Emotionen. Ich war so erleichtert, dass die Beisetzung gut verlaufen war, und gleichzeitig so zornig, dass ich überhaupt eine Beisetzung organisieren musste. Ich war froh, dass mein Mann keinen langen Leidensweg hatte, und gleichzeitig war ich verzweifelt angesichts der Vorstellung, dass das Leben so plötzlich enden konnte. Trauern war für mich kein Prozess, der in Phasen ablief. Trauern war ein einziges Chaos, eine eingestürzte Welt, wo ich auch hinblickte und versuchte, die Trümmer zu überblicken.

Die zweite Theorie, die ich hier ansprechen möchte, stammt von dem amerikanischen Psychologieprofessor William Worden. Worden beschreibt vier Traueraufgaben, die nach dem Verlust eines geliebten Menschen zu erledigen seien. Die Aufgaben können sich zeitlich überschneiden. In diesem Aufgaben-Modell kann ich vieles aus meiner persönlichen Erfahrung wiedererkennen. Die Kapiteleinteilung in meinem Buch folgt deshalb diesen vier Traueraufgaben:

1 | *Den Verlust als Realität akzeptieren. Die Einsicht, dass der Verlust wirklich endgültig ist, dass das Unwirkliche tatsächlich wahr ist, dass mein Liebster nicht mehr durch die Tür hereinkommen wird und dass wir uns in diesem Leben nicht wiederfinden werden.* (Kapitel: Meinen Verlust annehmen)

2 | *Den Schmerz und die emotionalen Aspekte des Verlustes durchleben. Spüren und durchleben der Verlusterfahrung. Ich musste durch den Schmerz hindurch.* (Kapitel: Meinen Schmerz spüren)

3 | *Mich der neuen Realität anpassen. Mich in der veränderten Welt, in der mein Liebster fehlt, einfinden, einer Welt, in der alle Rollen, die mein Liebster erfüllte, wegfallen.* (Kapitel: Mein Herz heilen)

4 | *Meinem Liebsten einen neuen Platz in meinem Leben geben und mein Leben neu ordnen und gestalten, mich neuen Beschäftigungen zuwenden und meinem Leben Sinn geben.* (Kapitel: Mein Leben neu gestalten)

Worden sagt, der Trauerprozess sei dann abgeschlossen, wenn alle Traueraufgaben erledigt sind. Ob der Trauerprozess abgeschlossen ist, erkenne man daran, dass die Hinterbliebenen ohne Schmerz über den Verstorbenen sprechen können und sie in der Lage seien, ihre Gefühle wieder in das Leben und die Lebenden zu investieren. Das könne ein bis zwei Jahre dauern. Bei mir brauchte es mehr Zeit.

Soweit die Theorie, die Praxis zeigt sich oft widerspenstig. Über den Verlust kommt man nicht hinweg, man kann nicht drum herum, man muss hindurch. *Ich musste hindurch.*

Meine eigene Kraft entdecken

Eine Folge der Verlusterfahrung waren Schlafstörungen. Ich erinnere mich noch gut an eine dieser miserablen Nächte. Viel Nacht, wenig Schlaf. Ich sah, wie es fünf Uhr wurde, sechs Uhr, sieben Uhr. Ich beschloss aufzustehen. Die neben mir schlafende Katze quittierte das mit einem erstaunten Blick. Das gab zu denken: Kann eine Katze wissen, dass es Sonntagmorgen ist? Alles zusammengenommen hatte ich vielleicht drei Stunden geschlafen. Ich konnte meine vom Weinen geschwollenen Augen kaum öffnen. Mein Schmerz fühlte sich genauso intensiv an wie damals, vor Jahren.

Was sollte ich tun, was konnte ich tun? Mir fiel nicht viel dazu ein. Also zog ich meine Laufschuhe an (den Rest des Lauf-Outfits natürlich auch), Sonnenbrille auf (verheulte Augen), Musik von Tiësto in den Ohren. Laufen, Energie loswerden, weg von allem, unterwegs zu allem. Die Sonne schien und da lief ich dann, um halb acht am Sonntagmorgen. Normalerweise würde ich jetzt noch im Bett liegen. Der Rest der Welt tat das offenbar, denn die Straße war wie ausgestorben.

Meine übliche Runde führte mich an einigen Bäumen entlang, die da in all ihrer grünen Herrlichkeit den Wald gaben. Egal, wie meine Situation auch sein mochte, diese Bäume standen immer da. Wartend, verständnisvoll, fast schien es, als nickten sie mir freundlich zu. Das fühlte sich irgendwie beruhigend an, wie eine Perspektive.

Bei all meinem Schmerz, meiner Mutlosigkeit und Schlaflosigkeit, während dieser Laufrunde habe ich viel gelernt. Dass ich kein Rekordtempo lief, war völlig nebensächlich. Es gab da draußen eine Welt, eine schöne Welt und es lag an mir, ob ich daran teilhaben und sie erleben wollte. Ich wollte leben, ich musste leben. Vor allem jetzt, da ich wusste, wie zerbrechlich das Leben ist.

Oft wurde mir gesagt, ich sei eine starke Frau (und das war nicht nur ein Kommentar von meinem Sporttrainer). Ich weiß nicht, ob es stimmt. Ich muss im Übrigen nicht unbedingt eine starke Frau sein, das ist mir überhaupt nicht wichtig. Mich in meinen Stärken und Schwächen offen zu zeigen, das finde ich viel interessanter. Das macht einen Menschen aus.

Ich glaube, dass ich eine widerstandsfähige Frau bin. Die tiefen Täler kenne ich, Verlusterfahrungen kann ich nicht verhindern. Es geht darum, wie man am Ende daraus hervorgeht. Meine Resilienz nährt sich durch die Tatsache, dass ich schönen Dingen gegenüber stets aufgeschlossen bleibe. Natürlich gelingt das mal mehr, mal weniger gut. Manchmal ist die Tür nur einen Millimeter weit offen. Ich rüttle so lange an der Tür, bis ich sehen kann, was sich dahinter verbirgt. Übung macht den Meister.

Neben der psychischen Widerstandskraft ist in jedem Menschen eine Urkraft angelegt. In der allergrößten Not zapft man diese Urkraft an. Wenn man ganz unten ist, wenn man (wie in meinem Fall buchstäblich) heulend auf dem Küchenboden liegt, kommt man innerlich an eine Grenze.

Eine Umkehr. Ich hörte in mir eine Stimme: »Aber ich lasse mich nicht unterkriegen!« Ich wollte etwas Besseres für mich. Ich wollte leben. Diese Erkenntnis setzte Kräfte frei, die durch nichts aufzuhalten waren.

Nicht die stärksten Schultern bekommen die schwersten Lasten zu tragen, es sind die schwersten Lasten, die die stärksten Schultern machen.

Kaffee

Seelentröster Kaffee

Trost kann den Schmerz lindern, die dunkelsten Momente erhellen. Trost gibt Kraft.

In den ersten Monaten konnte ich es mir nicht zugestehen, getröstet zu werden. Die Intensität meines Kummers entsprach genau der Schwere meines Verlusts. Wenn ich versucht hätte, meine Niedergeschlagenheit und meine Traurigkeit abzumildern, hätte das dann nicht bedeutet, die Schwere der ganzen Lage abzuschwächen? Wie hätte ich mich aufheitern lassen können, wenn mein Schatz tot und begraben war? Wäre das nicht egoistisch? Ich musste Buße tun, denn ich lebte noch, ich musste lamentieren, wehklagen, mich selbst opfern, um das immense Drama zum Ausdruck zu bringen. War das nicht die Aufgabe mit der höchsten Priorität für mich als frisch gebackene Witwe?

Allerdings wurde mir schnell klar, dass ich endloses Trauern ohne jeglichen Lichtpunkt nicht durchhalten konnte, unabhängig davon, wie entschlossen ich war. Mein innerstes Ich wollte nicht sterben, auch nicht innerlich sterben und nicht in Elend begraben werden. Eine merkwürde Form von Pflichtbewusstsein meldete sich zu Wort: die Pflicht zu leben. Nicht nur für mich selbst, sondern auch für ihn. Mir schien es, als wäre er in mir verkörpert, ich war jetzt auch er. Ich musste künftig unser beider Leben leben.

Letztlich war mein Drang zu leben deutlich stärker als der, nicht zu leben. In das dunkle Loch, in das ich gefallen war, wurde eine Treppe nach oben eingebaut. Gestapelte Erinnerungen. Davon gab es eine Menge. Unsere Kreuzschifffahrten nach Alaska und in die Karibik, die gemeinsamen Essen mit Freunden, wie wir einmal die Treppe im *Concertgebouw* hinunterrannten, die Reise nach Australien oder, dass wir einmal ein Fest geschwänzt haben, nur um gemütlich zu Hause einen Hamburger zu essen.

Wie bei einer bunten Parade zogen alle Erinnerungen an mir vorüber. Ich stand da und sah zu. Verwundert darüber, was alles vorbeikam, entsetzt, dass dies alles Vergangenheit war. Ich sah Bilder, von denen ich nicht einmal mehr wusste, dass es sie in meinem Kopf gibt. Wie bizarr unser Gehirn doch funktioniert. Mit rückwirkender Kraft gewann unsere Beziehung an Wert und Tiefe. Die Bedeutung unserer Beziehung wurde mir immer klarer, ganz besonders die Bedeutung, die mein Mann für mich hatte. Hatte ich ihm je gedankt, wusste er, was er zu dem, was ich war, beigesteuert hatte? So deutlich hatte ich ihm das nie gesagt. Konnte ich es ihm nie mehr sagen.

Alle Erinnerungen waren nun eingefasst in einen dunklen Rahmen. Ein Trauerrand umgab sie. Neue Erinnerungen würde es nicht mehr geben, das war mir nur allzu bewusst. Und, wie neidisch ich war, wenn ich hörte, wie befreundete Paare ihre Erinnerungen teilten. »Weißt du noch, damals in Frankreich, mit den Knackwürsten?« Worauf der andere dann sagte: »Aber hör mal, das war doch in Italien!« Der intimste Zeuge meines Lebens war nicht mehr da. Unsere eigene Sprache konnte ich mit niemandem mehr sprechen. Ich war der einzige Bewahrer unserer Erinnerungen.

Die allerletzten Erinnerungen waren schrecklich. Wie oft hat sich dieser Film von den letzten Stunden in meinem Kopf abgespielt? Unendlich oft, jeden Tag, jahrelang, manchmal heute noch. Die Nadel blieb in der Schallplatte stecken. Das einzige Mittel dagegen ist, andere Erinnerungen zu aktivieren, schöne Erinnerungen, von denen es sowieso viel mehr gibt und die schon so viel länger existieren. Die Momentaufnahme der letzten Stunden durfte das Ganze nicht überschatten. Das würde unserer Beziehung nicht gerecht werden.

Denn fünfzehn gemeinsame Jahre haben unglaublich viele positive Erinnerungen geschaffen. Erinnerungen, die greifbar gemacht werden können. Das gibt mir ein vertrautes Gefühl und ein Gefühl der Sicherheit. Ich hülle mich in die gemeinsame Vergangenheit ein. Auch wenn man seinen Schatz niemals vergessen wird, ist es dennoch schön, solche Erinnerungsstützen zu haben. Über eine Braut, die ihren Vater verloren hat, habe ich einmal gelesen, dass sie sich das Bild ihres Vaters auf ihre Hochzeitsschuhe hat drucken lassen. So konnte er sie doch zum Altar begleiten. *Taschentuchalarm*, heftig und schön zugleich.

Einige Ideen, wie Sie Ihre Erinnerungen greifbar machen können:

- *Die Eheringe einschmelzen und daraus einen für immer verbundenen Ring machen lassen*
- *Ein Fotobuch mit Fotos der schönen Urlaube / Erlebnisse anlegen*
- *Ein Erinnerungsbuch oder einen Erinnerungsfilm machen*
- *Eine Bettdecke, ein Schmusetier oder ein Schmusekleid aus Lieblingskleidungsstücken herstellen*
- *Eine Facebookseite / Internetseite über das Leben des Liebsten machen*
- *Einen Ring mit etwas Haar von dem geliebten Verstorbenen tragen*
- *(Asche)-Schmuck oder Tattoos machen lassen*
- *Eine Erinnerungstasche (für Kinder) gestalten*

Nicht nur Erinnerungen können trösten, es gibt viele weitere Trostquellen. Ich spreche aber jetzt nicht von Schokolade, Chips oder *Chardonnay*. *Been there, done that* bringt einen letztlich auch nicht weiter. Hier eine Auswahl der Möglichkeiten:

- *Eine Umarmung*
- *Fotos*
- *Musik*
- *Das eigene Haustier*
- *Unterstützung durch Menschen aus dem eigenen Umfeld*
- *Spazierengehen in der Natur*
- *Kreatives tun, singen, malen, schreiben*

- *Gedichte und schöne Texte lesen*
- *Rituale*
- *Der Glaube*
- *Stille*
- *Eine persönliche Nachricht von jemandem, der an Sie denkt*
- *Die Nachbarin, die eine Suppe für Sie kocht*
- *Wasserfeste Mascara bei einem Heulkrampf*
- *Soziale Medien (Selbsthilfegruppen, Kontakt mit anderen Menschen, auch mitten in der Nacht)*
- *Blumen*
- *Meditieren*
- *Der Nachbar, der ganz spontan Ihre Mülltonne zurückstellt*
- *Joggen*
- *Ein Mensch, der eine Erinnerung an Ihren Schatz mit Ihnen teilt*
- *Ihr Herz ausschütten*
- *Ein Ort zum Gedenken*
- *Ein schöner Abschied*
- *Das Versorgen der Pflanzen Ihres Liebsten*
- *Die Mitteilung, dass zwei Menschen mit der Organspende Ihres Liebsten weiterleben*
- *Eine Spende für einen guten Zweck, den Ihr Schatz auch unterstützte*
- *Ein kleines Büschel seiner Haare*
- *Reden mit Ihrem Liebsten*
- *Der Gedanke, dass Sie irgendwann einmal wieder zusammensein werden*

Für mich persönlich ist die bedeutendste Quelle des Trostes die Erkenntnis, dass die Liebe für immer bleibt. Das fühle ich tief in meiner Seele. Durch diese Liebe habe ich den besten Schutzengel, den es gibt. Er wacht über mich. Daraus schöpfe ich ultimative Kraft und großes Vertrauen.

Soweit meine Gedanken zum Thema Trost. Wichtig ist, dass Sie für sich herausfinden, was Ihnen Trost spenden kann. Denn das sind die Dinge, die Sie nähren werden. Alles, was Menschen, die schwere Trauerarbeit leisten, trösten kann, ist willkommen.

Im Niederländischen hat das Wort Trost zwei Bedeutungen:

1 | *Aufmunterung bei Trauer*

2 | *(umgangssprachlich): eine Tasse Kaffee*
(»een bakje troost«)
(nach online-Lexikon Van Dale)

Und tatsächlich. Wenn ich einmal völlig am Boden zerstört bin, greife ich zum Elementarsten, was ein erwachsener Mensch tun kann: Ich trinke eine Tasse Kaffee. Herzerwärmend. *A hug in a mug*. Es stimmt: Kaffee ist ein Seelentröster.

Trauer ist keine (psychische) Störung, keine Krankheit und kein Zeichen für Schwäche. Trauer ist eine emotionale, physische und spirituelle Notwendigkeit, sie ist der Preis der Liebe. Das Einzige, was bei Trauer hilft, ist, zu trauern.

Earl Grollman

Selbstfürsorge

Wenn wir unter extremem Stress stehen, und das ist bei einem Trauerprozess der Fall, ist es ungeheuer wichtig, dass wir gut für uns selbst sorgen. Das Widersprüchliche an der Sache ist, dass das so ziemlich das Letzte ist, woran man in der Situation denkt. Denn was soll das für einen Sinn haben, wenn der geliebte Mensch nicht mehr da ist? Wenn wir selbst schließlich auch sterben werden? Wenn unser Herz in tausend Stücke zerfallen ist? Weg mit der Kiwi, gib mir ein Glas Wein!

Nicht nur unsere Emotionen sind von einem Trauerprozess betroffen, auch der Körper wird in Mitleidenschaft gezogen. Das Immunsystem wird angegriffen. Bauchschmerzen, Schmerzen auf der Brust, Kopfschmerzen, Erschöpfungszustände, Herzrasen, Schwindel, Muskelverspannungen, Veränderungen in den Ernährungsgewohnheiten, Schlaflosigkeit und Hautprobleme sind häufig vorkommende Symptome. Das Stresshormon Cortisol wird vermehrt ausgeschüttet, der Cortisol-Spiegel steigt an.

Cortisol ist eigentlich ein Anti-Stresshormon. Wenn es jedoch langfristig vom Körper produziert wird, hat es den gegenteiligen Effekt. Es bewirkt, dass Fett im Bauchbereich zwischengespeichert wird (auch das noch), dass die Gedächtnisleistung nachlässt (auch deshalb ist unser Gedächtnis wie ein Sieb) und es beeinträchtigt den Tag- und Nachtrhythmus. Dies kann letztlich zu Depressionen führen und zur Minderung der Lebenserwartung. Es ist dringend geboten, gegenzusteuern. Die geeigneten Maßnahmen haben alle keine Ähnlichkeit mit Schokolade, Netflix und *Chardonnay*. Sie können mir glauben, ich habe es ausprobiert.

Im Folgenden möchte ich ein paar positive Erfahrungen, die mir geholfen haben, mich besser (sagen wir: weniger schlecht) zu fühlen, mit Ihnen teilen. Es handelt sich um erprobte Maßnahmen, natürlich nicht um Ratschläge, denn die lieben wir Witwen so gar nicht.

Das Fitnesscenter ist deutlich zu hoch gegriffen. Es muss auch nicht sein. Ich empfehle Ihnen Spaziergänge. In der Natur. Der Rhythmus der eigenen Gehgeschwindigkeit, die frische Luft, die Sonne, mir tat das immer richtig gut. Natürlich kann ich mir vorstellen, dass Sie überhaupt keine Lust haben, vom Sofa aufzustehen. Trotzdem ist es wirklich das Beste, was Sie für sich tun können. Ich verspreche Ihnen, dass Sie sich hinterher viel besser fühlen als vorher. Probieren Sie es aus!

Was mir auch enorm geholfen hat, ist Yoga, und zwar die entspannende Variante, Hatha Yoga, denn ich werde nie meine Beine in den Nacken legen können. Dafür bin ich nicht gebaut und Sie vielleicht auch nicht. Aus der Einsicht, dass man außer dem grübelnden Gehirn auch noch einen Körper hat, erwächst eine neue Perspektive. Dieser Körper braucht unsere Fürsorge und Aufmerksamkeit, denn der Stress beißt sich in ihm fest. Wir tun uns Gutes, wenn wir den Körper lockern und bewusst atmen. Dass Yoga nicht ausschließlich Glückseligkeit bedeutet, wurde mir klar, als meine Yogalehrerin erzählte, sie habe ein Magengeschwür.

Gesunde Ernährung ist natürlich essenziell. Ich koche nicht gern für mich allein. Ich kann auch gar nicht kochen. Das hat immer Alexander gemacht und ich durfte mich nicht einmischen. Ich durfte allerdings immer auswählen, was wir essen würden. Eine großartige Rollenverteilung. Später dachte ich: Hätte ich doch besser aufgepasst, hätte ich doch nachgefragt, wie er die Tomaten-Basilikum-Soße machte. So, wie er sie gemacht hat, werde ich sie nie mehr zu essen bekommen. Und »nie mehr« ist eine lange Zeit. Für den Fall, dass Sie auch so jemand sind, der sich öfter nicht dazu aufraffen kann, selbst zu kochen, habe ich zwei Tipps für Sie: 1. Vitamintabletten (auf der Basis natürlicher Zutaten, sonst hat es keinen Sinn), 2. noch mehr Vitamintabletten.

Trauern kostet irre viel Energie. Deshalb ist es wichtig, dass Sie sich mit neuer Energie versorgen. Tun Sie etwas, das Ihnen ein klitzekleines bisschen Freude macht. Hören Sie schöne Musik, umarmen Sie jemanden und/oder lassen Sie sich in den Arm nehmen, nehmen Sie ein Bad mit einem herrlichen Öl, zünden Sie eine Kerze an. Ja, es sind die kleinen Dinge, die Sie mit großer Aufmerksamkeit tun, die Ihre Energie am Ende wieder zum Fließen bringen. Mehr noch als von Champagner trinken auf einer Yacht, obwohl der Effekt vielleicht nicht unterschätzt werden sollte.

Mir ging es besser, nachdem ich mich von den Anforderungen, die mein altes Ich an mich stellte, befreit hatte. Ich musste alles loslassen, um mir selbst, meinem Kummer und meiner Niedergeschlagenheit den Raum zu geben. Diesen Raum brauchte ich dringend, um mich von diesem enormen Schicksalsschlag zu erholen. Ich war kaputt und brauchte meine Energie zum Überleben, buchstäblich und im übertragenen Sinn. Lassen Sie sich ruhig viel Zeit für sich selbst, gehen Sie nicht zu Verabredungen, wenn Ihnen nur zum Heulen ist und stellen Sie Ihr Telefon auf lautlos. Echte Freunde werden das verstehen. Trauerarbeit ist hart. Haben Sie Mitgefühl mit sich selbst.

Die Zeit heilt nichts

Ich würde Ihnen so gern bestätigen, dass die Zeit alle Wunden heilt, aber leider entspricht das nicht meiner Erfahrung. Die Zeit ist kein Zauberstab, mit dem sich Ihr Kummer für immer in nichts auflösen lässt. Es ist nicht die Zeit, die die Wunden heilt. Sie tun das selbst. Freud war der Erste, der schon vor einem Jahrhundert den Begriff »Trauerarbeit« benutzte.

> Freud verwendet vermutlich das Wort »Arbeit« auch im Zusammenhang mit Trauer, um deutlich zu machen, dass es nicht nur um unsere Gedanken über den verstorbenen geliebten Menschen geht, sondern auch darum, wie wir damit umgehen: wie wir die Gedanken gruppieren, sortieren, wahrnehmen und ändern.
>
> *Darian Leader, The new black, 2008*

Der Punkt ist nicht so sehr, über den Verlust hinwegzukommen, man kommt vielmehr durch den Verlust hindurch. Die »Witwenwunde« heilt nicht durch das Verstreichen der Zeit. Die Wunde heilt, weil wir Trauerarbeit leisten. Ich habe inzwischen gelernt, mit dem Loch in meinem Herzen zu leben. Mein neues Leben ist um das Loch herum aufgebaut. Meine Trauer und ich, wir wissen, wie wir zueinander stehen.

Heute wissen wir, dass Trauer nie aufhört,
Verarbeitung ist ein fortwährender Prozess.
Die schrillen Farben werden sanfter, der
Kummer bekommt einen anderen Platz
im Leben, aber er geht nicht völlig weg.
Der Vulkan spuckt nicht mehr, aber sein
Schlaf ist unruhig. Trauer gehört dazu.

Violet Falkenburg, »Veerkracht, verder na verlies«, 2013

Weil Sie die schwere Trauerarbeit leisten, werden Sie durch Ihre Trauer hindurchkommen. Ich bin hindurchgekommen. Ich weiß jetzt, dass ich nie mehr wie vorher fühlen werde, egal wieviel Zeit vergangen sein wird. Das ist schade, aber ich habe meinen Frieden damit gemacht: Mein neues Ich ist nämlich auch ziemlich in Ordnung.

Die Grief Recovery Method®

Dass ich keine Ahnung von Trauer hatte, wurde mir schnell klar. Dabei wollte ich nichts lieber, als zu verstehen, womit ich es hier zu tun hatte. Alles war besser, als Spielball von Kräften zu sein, die ich nicht verstand. Ich las viele Bücher über Trauer und Verlust

Über Facebook stieß ich auf »The Grief Recovery Handbook«. Dieses Buch war das erste, bei dem ich mir dachte: Die Leute wissen, wovon sie reden, diese Leute verstehen mich. Ich bekam viel Einsicht in meine Situation und fand praktische Hilfestellung, um selbst aktiv zu werden. Während kreatives Malen, Shiatsu-Massagen und die Beratung bei einem Medium mir nur bedingt weitergeholfen hatten, gab mir diese Methode die Regie wieder in die eigene Hand.

In der Grief Recovery Method® geht es um unterschiedliche Verluste. Der Verlust einer geliebten Person ist sicherlich für jeden als Verlust erkennbar. Eine Scheidung wohl auch noch. Aber wie verhält es sich mit dem Verlust eines Haustiers, mit einem Umzug, mit dem Verlust der Gesundheit, dem Beginn einer Ausbildung (ja, dem Beginn!), wie ist es mit Heiraten, Beendigung des Studiums, Entzug nach einer Sucht, einer Reorganisation, dem Eintritt ins Rentnerdasein, finanziellen Veränderungen, Urlaub, juristischen Problemen, Kindern, die von zu Hause ausziehen. Es gibt noch viel mehr! Viele dieser Verluste werden gar nicht in Zusammenhang mit Trauer gesehen und können so auf lange Sicht emotionale Folgen für die Betroffenen haben.

Die Kernaussage der Grief Recovery Method® ist, dass wir nicht gelernt haben zu trauern. Wir können nicht wirklich mit Verlusten umgehen. Stattdessen haben wir Verhaltensweisen anerzogen bekommen, die uns nicht weiterhelfen (Mythen). Diese Verhaltensweisen bei sich selbst zu identifizieren, ist ein wichtiger Schritt. Ich erkannte bei mir folgendes Verhalten: Verlust ersetzen (sehr schnell hatte ich wieder jemanden gefunden, war aber nicht von Dauer) und mich beschäftigen (siehe Vorhergehendes). Die Grief Recovery Method® besteht aus Handlungen, die Trauernde bei ihrer Trauerarbeit unterstützen. Im Grunde genommen das, was Freud schon beschrieben hatte: gruppieren, ordnen, durcharbeiten und verändern aller gemeinsamen Erinnerungen. Das wird zum Beispiel mit Hilfe einer »Beziehungsgrafik« gemacht. Dabei lässt sich herausdestillieren, was man der oder dem Liebsten noch hätte sagen wollen: um ihm zu danken, um mich zu entschuldigen und andere Botschaften emotionaler Art. Alles wird in einem Brief zusammengefasst, den man in Anwesenheit eines Zeugen vorliest.

Das wollte ich tun. Trauergruppen hatten mich aus irgendwelchen Gründen nicht so angesprochen, aber das hier passte sehr gut zu mir. Es war eine konkrete und ergebnisorientierte Methode. Das entsprach genau meinen Bedürfnissen. Die Begeisterung führte mich nach Leeds. Vier Tage schloss ich mich in dem Hotel, in dem das Training der Methode stattfand, ein. Durchgeführt wurde das Training von John W. James persönlich, dem *Founding Father* der Methode. Ein echter Amerikaner, mit Jeans und Cowboystiefeln. Während des Kurses von vier Tagen durften wir keinen Alkohol trinken (und ja, ich habe mich daran gehalten!). Keine Ablenkung durch irgendein Suchtverhalten. Dass John James alle zwei Stunden zum Rauchen nach draußen ging, war scheinbar etwas völlig anderes.

Am Tag übten wir in einer Gruppe die Theorie und abends machte ich im Hotelzimmer meine Hausaufgaben. Am vierten Tag las ich meinen Brief vor. Ich kann nur schwer erklären, was das mit mir gemacht hat. Ich fühlte mich in meinem Verlust gehört, anerkannt in meinem Schmerz. Danach war für mich der giftige Stachel gezogen. Natürlich haben sich meine Sehnsucht und der Kummer nicht in Luft »aufgelöst«. Aber es wurde für mich erträglicher. Letztlich wurde diese Erfahrung der Wendepunkt in meiner Trauer. Mit dem Wissen und der Erfahrung fasste ich den Beschluss, künftig andere Menschen zu unterstützen. Der Trauercoach in mir war geboren.

Mit einem gebrochenen
Herzen hört
sich die Welt
völlig anders an.

Angie Cartwright

Antistress-~~Ratschläge~~ – pardon: Maßnahmen

Egal, ob reich oder arm, hässlich oder hübsch, klug, dumm oder intelligent, jeder Mensch wird irgendwann in seinem Leben mit stressigen Ereignissen konfrontiert. In den letzten Jahren habe ich einiges dazugelernt, über mich selbst im Allgemeinen und über Stress im Besonderen. Neben dem Überlebenswillen habe ich auch so etwas wie eine Survival-Taktik entwickelt. Natürlich möchte ich sie gerne mit Ihnen teilen.

Hier mein Antistress-Maßnahmenpaket (Wir Witwen hassen nämlich Ratschläge)

1. Ablenken lassen und durchatmen

An besonderen Tagen und Momenten, wie Geburtstagen, Feiertagen, dem Jahreswechsel, ist mein Vorschlag: Lassen Sie sich ablenken durch Film, Musik, gutes Essen und Trinken, gute Gesellschaft und vor allem: Atmen Sie tief durch und machen Sie sich bewusst, dass die Uhr tickt. Ihr Herz ausschütten und Ihre Emotionen spüren ist wichtig (siehe Vorschlag 5), aber es gibt die Momente, an denen man es nicht will oder nicht kann, weil es zu viel, zu intensiv oder zu unerwünscht ist. Ablenken lassen und tief durchatmen, ablenken lassen und tief durchatmen, Sekunde nach Sekunde, bis der Moment vorbei ist.

2. Schöne Dinge tun

Machen Sie sich bewusst, dass dies eine schwierige Zeit ist, die viel Energie kostet. Geben Sie sich Gelegenheit, Energie zu tanken. Gönnen Sie sich etwas Schönes, gehen Sie fein Mittagessen oder machen Sie einen Termin für eine Stilberatung, eine Massage, eine Kosmetikbehandlung. Aufmerksamkeit für Sie selbst. Weil Sie es wert sind.

3. Wenn (zu) viel zu tun ist: einfach anfangen

Manchmal gibt es so viel zu tun, dass man die richtige Reihenfolge nicht mehr sieht. Für diesen Fall habe ich Neuigkeiten für Sie: Es gibt keine richtige Reihenfolge. Die Vorstellung, die Dinge in der richtigen Reihenfolge tun zu müssen lähmt. Fangen Sie einfach irgendwo an und der Rest folgt dann von selbst. Wenn Sie einmal in den Flow kommen, arbeiten Sie auch noch die nervigen und harten Brocken weg. Sie sind ja eh schon im Aktionsmodus. Und wenn Sie wütend sind, weil alles so ungerecht und vor allem gemein ist und niemand Sie versteht, tun Sie dann die Dinge, für die man nicht nett zu sein braucht. Erfolg garantiert!

4. Wechseln Sie vom Aktionsmodus in den Ruhemodus (und zurück)

Hören Sie auf Ihren Körper und gönnen Sie sich in schwierigen und hektischen Zeiten mentale und physische Erholungsphasen. Bei mir war es eine Weile so, dass ich einen Mittagsschlaf brauchte. Obwohl ich diesem Bedürfnis zuerst nicht nachgehen wollte (ich bin doch nicht betagt!), hat es mir letztlich enorm gut getan. Inzwischen brauche ich die Nickerchen nicht mehr, aber ich nehme mir am späten Nachmittag gern die Zeit, um ein Stündchen zu lesen oder etwas anderes zu tun, was außerhalb des Nützlichen und Notwendigen liegt.

5. Schütten Sie Ihr Herz aus und nehmen Sie Hilfe und Unterstützung an

Im Herz-Ausschütten und im Hilfe-(oder sonstwas)-Annehmen bin ich nicht so besonders gut, das gebe ich offen zu. Ich mache Dinge gern mit mir allein aus und ich gebe lieber, als dass ich annehme. Es könnte ja jemand auf die Idee kommen, dass ich nicht für mich selbst sorgen kann. Nicht auszudenken! Deshalb schaue ich sehr genau hin, was die Auswahl der Menschen und der Momente angeht. Und, wissen Sie was? Immer wenn ich mich in meiner Verletzlichkeit zeige, folgen darauf herzzerreißende Reaktionen, Zuspruch und Umarmungen. Und wenn es etwas gibt, von dem man richtig Energie bekommt, dann davon. Organisieren Sie sich Unterstützung, umgeben Sie sich mit liebevollen Menschen. Und gehen Sie zu einem Psychologen, bei dem Sie herrlich und ungeniert über sich reden können.

So weit, so gut. Das sind die Ratschläge, Verzeihung: Maßnahmen, die ich aus den intensivsten, schwersten und lehrreichsten Jahren meines Lebens destillieren konnte. Mir ist bewusst, dass manches in diesen Überlegungen widersprüchlich erscheinen mag: Wie soll man wissen, wann man in den Ruhemodus gehen sollte oder eher in den Aktionsmodus, woher soll man wissen, ob man nun das gesunde Gemüse essen sollte oder ob es in Ordnung ist, sich Pommes zu gönnen? Diese Fragen kann ich nicht beantworten, weil jeder Mensch einzigartig ist, jede Beziehung einzigartig ist und weil jeder Trauerweg einzigartig ist. Ich kann nur sagen: Hören Sie auf sich, hören Sie auf Ihren Körper und spüren Sie Ihren Energie-Level. Geben Sie sich Raum, Sie sind es wert. Und entdecken Sie, lernen Sie jeden Tag mehr über sich.

Eigene Rituale finden

> Wir Menschen praktizieren spirituelle Zeremonien, um einen sicheren Ort für unsere Glücksgefühle und Traumata zu haben, damit wir sie nicht ständig mit uns herumschleppen müssen. Wir alle brauchen solche Orte ritueller Regeneration.
>
> *Elizabeth Gilbert, »Eat, pray, love«, 2006*

Ich habe die Kraft von Ritualen für mich entdeckt. In Schlüsselmomenten oder Umbruchphasen im Leben können Rituale Struktur, Halt und Trost geben. Ein Ritual ist eine sich nach einem festen Muster wiederholende Handlung, die eine tiefere Bedeutung hat. Meistens werden Rituale in der Gemeinschaft ausgeführt, um der Handlung zusätzliche Kraft zu verleihen. Man kann ein Ritual aber auch allein durchführen. Viele Rituale sind kulturbedingt.

Ein Ritual ist etwas anderes als eine Gewohnheit. Eine Kerze anzuzünden neben dem Foto meines Liebsten auf dem Kaminsims, das mache ich, weil es für mich eine Bedeutung hat, nicht weil der Strom ausgefallen ist. Am Abend meine Zähne zu putzen ist eine (gute) Gewohnheit. Der Unterschied besteht nicht in der andersartigen Handlung. Jede Handlung kann sowohl Gewohnheit als auch Ritual sein. Eine meiner Gewohnheiten ist es, vor dem Essen meine Hände zu waschen. Man kann aber auch vor dem Beten seine Hände waschen. Das ist dann ein Ritual, die Handlung hat eine symbolische Bedeutung.

Früher gab es mehr Rituale. Mit der zunehmenden Entkirchlichung in den westlichen Gesellschaften fehlt der Rahmen. Die Rituale sind verschwunden. Geblieben ist das innere Bedürfnis, ‚etwas' zu tun. Auszudrücken, was wir in unserem Inneren empfinden. Auf eine würdevolle Art und Weise. Weil es schön ist, ein Ritual durchzuführen, weil es Sinn stiftet und Gefühle kanalisiert. Die darin enthaltene Symbolik schenkt Kraft, Energie und das Gefühl der Verbundenheit.

Wir alle kennen Abschiedsrituale, die Bedeutung ist klar. Es ist das Letzte, was wir für den geliebten Menschen tun können, eine letzte Ehrerbietung. Danach ist es still in unserer westlichen Kultur. Wir kennen nicht die Tradition, dass man nach soundsoviel Tagen mit den nächsten Verwandten wieder zum Grab geht, so wie es in anderen Kulturen der Fall ist. Bei den Hindus gibt es während des ersten Jahres nach dem Tod feste Zeremonien zu festgelegten Zeiten. Die jüdische Tradition kennt fünf Trauerphasen, die jeweils mit bestimmten Ritualen verbunden sind. Zwei von vielen Beispielen …

Ich hätte mir durchaus mehr von diesen Ankerpunkten gewünscht. Es hat sich für mich insgesamt etwas kahl angefühlt. Ein groß angelegter Abschied, wo es schwarz war von Menschen und dann … nichts mehr. Am ersten Geburtstag ohne Geburtstagskind habe ich dann ein paar Leute zu mir auf ein Gläschen eingeladen. Auf dem Grab wurden Kräuter gepflanzt. Alexander wollte immer einen Kräutergarten haben. Das war dann so eine Sache mit einer Bedeutung, die wir gemeinsam gemacht haben.

Oft werden bei Ritualen Symbole verwendet (Wasser, Weihrauch, eine Kerze). Das Ritual selbst hat einen symbolischen Wert (keinen praktischen) und heilende Kräfte. Die Harvard Business Schule hat 2013 die Effekte von Ritualen auf Trauerende untersucht. Das Ergebnis war, dass sowohl bestehende als auch neue Rituale bei der Trauer helfen. Gute Wirkung zeigte sich unabhängig davon, ob die Trauernden selbst an den Nutzen von Ritualen glaubten oder nicht. Die Kraft eines Rituals steckt in dem Gefühl der Kontrolle, das das Vollziehen eines Rituals mit sich bringt.

Es scheint so zu sein, dass in der letzten Zeit wieder mehr Interesse an Ritualen aufkommt. An Allerseelen organisieren Friedhöfe immer öfter Zusammenkünfte mit einer Wanderung bei Kerzenlicht. Jeder zweite Sonntag im Dezember ist Weltlichttag. Weltweit werden um 19.00 Uhr für alle verstorbenen Kinder Kerzen angezündet. Eine Initiative, die 1997 in den USA gestartet wurde.

Ein Ritual zu vollziehen klingt sehr feierlich, man muss dafür aber kein Priester sein. Sie können das prima selbst machen. Es geht darum, dass es für Sie eine Bedeutung hat. Wichtige Elemente eines Rituals sind:

- Der Ort: *eine ruhige und gepflegte Umgebung ist wichtig. Sie können in einem ruhigen Zimmer, ohne Umgebungslärm und ohne von Ihrer Katze, die gerade ihre wilden fünf Minuten hat, gestört zu werden, einen Altar errichten. Legen Sie Gegenstände, die Sie mit Liebe und Bedacht auswählen, auf den Altar. Ein Foto, etwas, das Sie an ihn erinnert, ein Buch, einen Stein. Wenn es für Sie stimmig ist, kön-*

nen Sie auch eine Kerze, Weihrauch oder Blumen dazustellen. Oder M&M's, wenn das für Sie eine Bedeutung hat.

- Der Moment: *Wählen Sie den Moment bewusst so, dass Sie Zeit haben, sich in das Ritual einzufühlen und es zu spüren.*
- Die Handlung: *Suchen Sie einen schönen Text, ein Lied oder ein Gedicht aus, das Sie am Anfang und am Ende des Rituals lesen / sprechen oder sich anhören können. Sie können natürlich auch selbst ein Geräusch erzeugen mit einem Gegenstand oder Ihrer Stimme. Dazwischen können Sie tun, was Ihr Gefühl Ihnen nahelegt, was Sie für jetzt passend halten. Es kann eine Botschaft für Ihren Schatz sein oder Emotionen, die Sie mitteilen wollen. Halten Sie sich keinesfalls zurück. Das ist Ihr Platz, an dem Sie Ihre Trauer zum Ausdruck bringen.*

Mögliche Bestandteile eines Rituals:

- *Für ein Zusammensein mit anderen: Bitten Sie die Anwesenden, eine Erinnerung an Ihren Liebsten aufzuschreiben (oder schon mitzubringen) und lesen Sie diese vor.*
- *Eine Kerze anzünden.*
- *Einen Brief schreiben, den Sie als symbolischen Abschied verbrennen (draußen!).*
- *Einmal im Jahr ein Spaziergang (zum Grab).*
- *Musik oder Speisen, die der geliebte Mensch sehr mochte.*
- *Einen Stein oder eine Rose auf das Grab legen.*

Ein Ritual kann irgendwann einmal seine Wirkung verlieren. Ihr Bedürfnis, das Ritual zu vollziehen, hat vielleicht nachgelassen oder ist gänzlich verschwunden. Das ist in Ordnung. Sie können das Ritual dann definitiv beenden. Gestalten Sie Ihr letztes Ritual mit Sorgfalt, Sie nehmen nun von Ihrem Ritual Abschied. Lösen Sie Ihren Altar genauso liebevoll auf, wie Sie ihn errichtet haben. Er hat seine Funktion erfüllt. Sie können weitergehen.

Da du meine Hände jetzt
nicht mehr berühren kannst,
berührst du mein Herz
umso mehr.

Toon Hermans

4

Mein Leben neu gestalten

Von Tag zu Tag

Nach hundert Eimern voller Tränen und Chardonnay begann mir vage zu dämmern, dass ich mit meinem Leben etwas anfangen musste. Ab und zu hatte ich erwogen, nichts mehr dergleichen zu tun, aber dafür war ich dann doch zu neugierig und zu strebsam. Außerdem spürte ich die Verpflichtung, jetzt für uns beide zu leben, intensiv und vollkommen.

Die Erkenntnis, dass ich etwas mit meinen Leben anfangen musste, sagte allerdings noch nichts darüber aus, ob ich auch nur den Hauch einer Ahnung hatte, wie ich das anstellen sollte. Oder ob ich überhaupt Energie dafür hatte. Oder ob es ab diesem Moment steil aufwärts ging.

Ich nahm das Leben von Tag zu Tag. Mehr war nicht drin. Ich wusste auch nie, was mich an einem neuen Tag erwartete. Jeder Tag war ein mögliches Minenfeld voller Trigger, die mich aus dem Gleichgewicht schubsen konnten. Vor jedem Schritt musste ich nachdenken, mich einfühlen, prüfen, ob irgendwo eine Bombe hochgehen könnte. Oder nicht.

Menschen zu begegnen konnte wahnsinnig anstrengend sein. An einem emotional brauchbaren Tag (Ich war aus dem Bett gekommen, hatte mich angezogen und war auf dem Weg zum Himmel, Verzeihung zur *Hema [Warenhauskette]*) traf ich unsere Kosmetikerin. Sie fragte mich, wie es denn meinem Mann gehe. Die Nachricht hatte sie eindeutig noch nicht erreicht. Aufgrund der fehlenden traditionellen Witwentracht war für sie nicht ersichtlich, dass sie eine frischgebackene Witwe vor sich hatte. Mein inneres Wissen musste ich nun nach außen transportieren. Ich musste mich bemühen, die schockierende Wahrheit für mein Gegenüber abzufedern. Man kann schließlich nicht einfach sagen: »Oh, meinen Mann habe ich letzte Woche beerdigt, er ist an einem schönen Ort.« An der Kasse bei der *Hema* hätte ich es hinausschreien wollen: MEIN MANN IST SEIT ZEHN TAGEN TOT!

Über all diese Dinge wussten andere Menschen natürlich nicht Bescheid. Die kleinen und die großen Dinge, die Salz in die Wunde des Witwendaseins streuen. Die komplexe Reise durch die Trauerlandschaft wurde dadurch noch komplizierter. Einfache Tätigkeiten, die ich früher ohne nachzudenken ausübte, wurden zu einem Kraftakt. Eine verborgene Anstrengung, niemand konnte das sehen – außer mir.

Einfach war das alles nicht. So mancher Morgen war fürchterlich, ich war weder vorwärts noch rückwärts zu bewegen. Wenn ich dann trotzdem zu einem Termin erschien, war das umso mehr eine Leistung. Natürlich sah niemand diese Anstrengungen. Die unsichtbare Anstrengung, die es mich kostete, um überhaupt irgendwo zu erscheinen. Das war die Ebene, auf der ich mich bewegte. Niemand empfing mich mit Applaus oder einer Medaille, obwohl das, was ich leistete, schwieriger war als alles, was ich je in meinem Leben getan hatte.

Es kostet trauernde Menschen fast ihre gesamte Energie, nur um sich aufrecht zu halten. Trauernde Menschen sind in meinen Augen unsichtbare Helden.

Wieder Verbindungen aufbauen

Durch die Erfahrung, dass das Leben von jetzt auf dann vorbei sein kann, verging mir die Lust, irgendetwas zu tun. Zum einen fehlte mir die Energie. Ich schlief schlecht, aß schlecht, trank zu viel und bekam von allen Seiten ungewollt verletzende Bemerkungen zu hören, die ich auch irgendwie wegstecken musste. Das Trauern verschlang meine komplette Energie. Zum anderen konnte ich den Sinn, weshalb ich aus dem Bett kommen sollte, nicht erkennen. Wenn alles einfach so vorbei sein konnte, wozu sollte ich dann noch etwas planen / tun / Sport machen / gesund leben?

Diese Überlegungen führten dazu, dass mein Bett mein bester Freund wurde. Es war nicht schön, allein in unserem großzügigen Doppelbett zu liegen, aber mit der Katze dabei und ein paar Gläsern Wein war es auszuhalten. Schlafen konnte ich natürlich nicht. Dafür gibt es: Baldriantabletten (und ab und zu eine geliehene Schlaftablette). Trotzdem wurde ich jede Nacht um fünf Uhr wach und grübelte stundenlang vor mich hin. So sah meine Nachtruhe aus. Am Morgen fühlte ich mich, als wäre ich von einem UFO entführt und zwanzig Jahre später wieder zurückgebracht worden. Und das sah man mir leider an! Damit hatte sich für mich der morgendliche Sonnengruß, um den neuen Tag willkommen zu heißen, erledigt. Warum sollte ich überhaupt noch aus dem Bett kommen, außer um eine neue DVD von *Borgen – Gefährliche Seilschaften* in den Player zu schieben? (Das war, noch bevor ich Netflix entdeckte.)

Meine Lösung in dieser Sackgasse: Termine ausmachen. Denn – pflichtbewusst, wie ich bin – ich fühlte mich dadurch aufgefordert, mich tatsächlich blicken zu lassen. Außer wenn es wirklich nicht ging mit mir und meinen Plänen, wenn ich nur noch heulen konnte und die Mascara schon sechsmal erneuert hatte. Mich zu zwingen forderte immer seinen Preis in der Form von (noch mehr) Heulattacken, und als ich das einmal erkannt hatte, konnte ich milder zu mir selbst sein. Dann gab ich mir die »Erlaubnis«, eine Verabredung abzusagen.

Die geplanten Verabredungen sollten natürlich aus einem schönen Anlass stattfinden, um mit einer skandinavischen Fernsehserie wie *Borgen* konkurrieren zu können. Begegnungen, die mir Energie schenkten und mich spüren ließen, wie es ist, wieder mit Menschen zusammen zu sein. Die mich aus meiner Blase der Trauer und Verzweiflung herausholen konnten. Zum Beispiel einen Tag mit einer Freundin in Düsseldorf shoppen gehen. Oder einen Tag zu meinen Eltern fahren.

So wuchs meine Bereitschaft, mich wieder mit anderen zu verbinden. Ich fand ehrenamtliche Arbeit in einem Altenpflegeheim. Das brachte nicht nur wieder Struktur in mein Leben – ich arbeitete ja nicht mehr –, sondern es war zudem eine erfüllende Tätigkeit. Die Arbeit im Heim machte mir Spaß, ich fühlte mich gebraucht und wertgeschätzt. Wir haben zwar nie darüber gesprochen, aber ich teilte eine ganze Welt mit den älteren Damen: Wir waren alle Witwen. Schon allein dieser Umstand gab mir das Gefühl einer tiefen Verbundenheit. Indem ich eine Verbindung zu anderen herstellte, fand ich aus meiner Isolation heraus. Es brachte mich voran, auf dem Weg, mein Herz zu heilen.

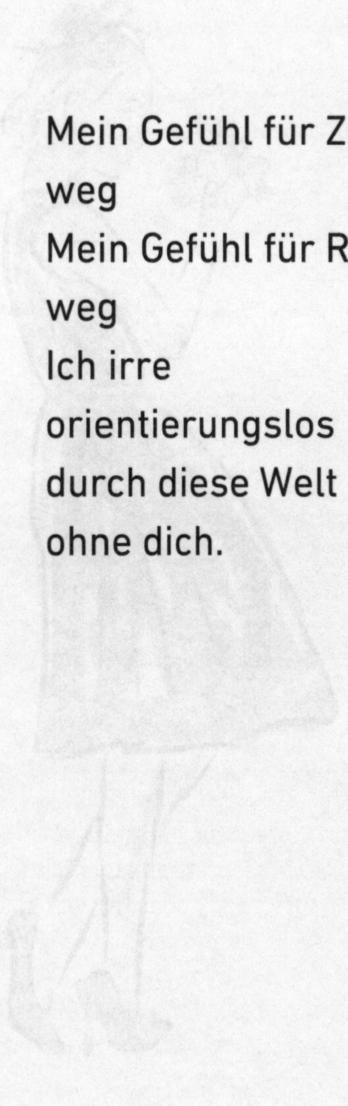

Mein Gefühl für Zeit –
weg
Mein Gefühl für Raum -
weg
Ich irre
orientierungslos
durch diese Welt
ohne dich.

Frösche küssen

Nachdem ich durch die schlimmste Trauerphase hindurch war, regte sich in mir langsam der Wunsch nach einem Partner. Ich kam gut allein zurecht, das hatte ich ja jetzt gelernt. Aber schön ist es nicht, allein zu sein. Am liebsten teile ich das Leben mit einem anderen Menschen. Einem Lebenspartner, der sieht, wer man im Kern ist, und Zeuge des eigenen Lebens wird. Ein Mensch, der einem der Nächste ist, dem man sein verletzlichstes Ich zeigen kann, ein Mensch, von dem man sich getragen fühlt. Und der morgens mit Liebe Kaffee ans Bett bringt, viel Kaffee …

Nach dem Tod meines Mannes habe ich ein paar Beziehungen gehabt, einige hielten nur kurz, andere länger. Es waren wiederholt keine guten *Matches*. Dass sich einer von ihnen viel Geld von mir lieh und nie zurückzahlte, hat die Situation natürlich nicht wirklich verbessert.

WARNUNG:

Es gibt Menschen, die Witwen ausnutzen wollen!

Wenn ich heute auf diese Beziehungen zurückschaue, erkenne ich darin wieder, was in der Grief Recovery Methode »der Mythos vom Ersatz eines Verlusts« genannt wird. Ich versuchte, das Loch in meinem Herzen zu füllen. Eine unmögliche Mission. Einen geliebten Mensch kann man niemals ersetzen. Jeder Mensch ist einzigartig, jede Beziehung ist einzigartig. Es konnte nur darauf hinauslaufen, dass diese Beziehungen zu schmerzhaften Enttäuschungen führten. Mit dem Scheitern dieser Beziehungen wurde das Ausmaß meines Verlusts eindringlicher und unumgänglicher.

Was ich außerdem entdeckte, ist, dass ich eine magnetische Anziehungskraft auf Männer zu haben scheine, die mich ausnutzen wollen. Ob sie nun Geld von mir wollten oder Aufmerksamkeit. Natürlich präsentierten sie sich nicht so, nach dem Motto »Hey Maya, kann ich mir mal ein paar Tausend Euro von dir leihen/deine endlose, ungeteilte Aufmerksamkeit bekommen/dich stundenlang negieren, weil ich der Chef sein will?« Es fing immer nett und schön an, mit Champagner, Schokolade und endlosem Küssen. Ich fing an zu glauben, er ist es, ich habe endlich wieder jemanden gefunden.

Irgendwann im Verlauf der Beziehung kippte etwas. Diesen Punkt erkannte ich immer erst zu spät. Es ist wie mit dem Frosch, der freiwillig in einen Topf mit lauwarmem Wasser springt. Langsam wird die Temperatur erhöht. Zuerst ist noch alles in Ordnung: Der Frosch badet genüsslich weiter. Aber das Wasser wird stets heißer. Erst wenn es schon fast zu spät ist, gerät der Frosch in Panik und nur mit der allergrößten Mühe schafft er es, aus dem Topf zu springen. Wenn er es denn schafft.

Natürlich gehören immer zwei dazu. Ich wollte es vielleicht zu sehr. Meine Rolle dabei wird noch Gegenstand näherer Selbsterforschungen sein. Vermutlich habe ich durch den plötzlichen Tod meines Mannes eine ernsthafte Form der Verlustangst entwickelt. In einer Beziehung verwischten meine Grenzen immer: Ich war bereit, fast alles zu tun, nur um nicht verlassen zu werden. Bis mir nach sehr vielen Liebeslektionen klar wurde, dass ich dabei war, mich selbst zu verlassen. Aber, wer war ich dann noch, ohne mich?

Nachdem in einer dieser Beziehungen meine x-te Grenze überschritten wurde, meldete sich endlich mein Gefühl der Selbstachtung zu Wort. Eine aufgebrachte Stimme, die mir ernsthaft ins Gewissen redete: Nach allem, was ich durchgemacht hatte, das ganze Elend und die Energie, die ich investiert hatte, um mich selbst neu zu erfinden, wie konnte ich das alles derart aufs Spiel setzen? Durch diesen Wutanfall mobilisierte ich die nötige Kraft, um aus dem Topf mit dem fast zu heißen Wasser zu springen.

> Um sich in Freiheit zu verbinden, müssen
> Sie die Angst vor dem Verlust überwinden.
> Dazu ist es nötig, den inneren Weg zu gehen
> und die Basis von Sicherheit und Liebe in
> sich selbst zu finden.
>
> *Hannah Cuppen, »Liebe und Bindungsangst«, 2016*

Ich war den inneren Weg gegangen, ich fühlte mich nun sicher bei mir selbst. Meine Rettung war, dass ich im Grunde genommen sehr gut allein zurechtkomme. Nach den vielen Jahren der Traurigkeit und den Tausenden Tränen habe ich mein Leben von Null an – nein, von minus zehn an – neu aufgebaut. Mein Leben war jetzt lebenswert, ich hatte liebevolle Freundschaften, Arbeit, die mich erfüllte, eine Katze, die mich vergötterte (auch, wenn mir klar war, dass ihre Liebe erst durch den Magen ging). Alles zusammen genommen: ein Leben, auf das ich stolz war, und ich hatte es mir selbst aufgebaut. Das wollte ich nicht mehr aufgeben, auch nicht für eine Beziehung. Erst als ich mir das richtig bewusst machte, konnte ich mich auf eine Beziehung auf Augenhöhe mit einem wundervollen Mann (auch äußerlich) einlassen, der mich bereits seit Jahren von fern bewunderte.

Ich kenne Menschen, die schneller als ich Zuspruch, Trost und Liebe bei einem neuen Partner gefunden haben. Die sich Raum geben können füreinander und ihre Gefühle. So etwas ist sicherlich möglich. Manchmal ergibt sich aus einer neuen Partnerschaft auch ein neues Problem, nämlich mit dem Umfeld. Das Umfeld jubelt nicht, man findet es »zu früh«. Ich sehe das anders. Jedes Quäntchen Trost, Halt und Liebe, das man finden kann, ist es wert, umarmt zu werden. Ein großer Verlust macht schmerzhaft deutlich, dass wir nur das Jetzt haben. Wir sollten etwas Schönes aus ihm machen. Solange man sich für die neue Gemeinsamkeit nicht verbiegen muss. Und der Geldbeutel nicht leidet.

Das Erbe

Plötzlich war ich Erbin. Das fühlte sich nicht so an wie in einem Roman von Konsalik: jung, attraktiv und reich, auf einer Yacht unterwegs von einer griechischen Insel zur anderen mit einem Glas Perlig-Spritzigem in der manikürten Hand. Es fühlte sich elend und total losgeschlagen an. Dinge mussten geregelt werden. Es gab ein Testament, eine Erbfolgeerklärung und einen Notar. Bankkonten, ein Haus, Abonnements: Alles musste gekündigt, auf mich überschrieben werden. Als ob ich sein Leben übernehmen würde: sein Name runter, mein Name drauf. *Ich bin jetzt er, er ist in mir.*

Das Schlimmste, was ich tun musste, war, den Kontostand aller Konten und Kreditkarten zum Zeitpunkt des Todes zu erfragen. Für die Steuererklärung. Ich fand das so demütigend. Manchmal waren die Bankmenschen am Telefon mitfühlend, manchmal ganz und gar nicht (»Schönen Tag noch«).

Nach der Telefonrunde sank ich am Nachmittag ermattet und fertig mit der Welt auf unser großes Doppelbett. Um via Twitter einen Bericht aus dem Himmel zu empfangen. Alexander hatte einen Tweet verschickt! Meine Tante hatte es auch gesehen. Es war also wahr: Es gibt WLAN im Himmel und Alexander war in der Cloud.

So gern ich Ihnen erzählen würde, dass das möglich ist, die Realität war, dass Alexanders Account gehackt worden war. So etwas Bizarres möchte man nicht erleben. Auch wenn Ihr Schatz im Himmel ist, eine Kommunikation über Twitter wird es sicher nicht geben. Damit Sie sich zusätzliches Leid ersparen, ist es äußerst wichtig, alle online Accounts Ihres lieben Verstorbenen zu kündigen. Im Idealfall findet man als Angehörige Hinweise mit den erforderlichen Informationen, die man dafür braucht. Im ungünstigsten Fall muss man alle Organisationen anschreiben.

Das war bei mir der Fall.

Aufräumen

Von einem Tag auf den anderen saß ich allein in unserem Haus. Mit unseren Sachen. Sehr vielen Sachen. Wenn Alexander nicht so einen guten Geschmack gehabt hätte und unser Haus ein Stück kleiner gewesen wäre, hätten wir ohne weiteres im Fernsehen auftreten können, in so einem Programm über leidenschaftliche Sammler. Das Haus war voll mit PCs, Büchern, Schallplatten, Kameras, Kompressoren, Werkzeug, von dem ich nicht einmal wusste, wie es heißt, Feuerzeugen, Pfeifen und Golfzubehör. Der Dachboden war geduldig.

In den ersten Monaten nach Alexanders Tod wäre ich noch nicht einmal im Traum auf die Idee gekommen, etwas wegzugeben. Seine Sachen, vor allem die Gebrauchsgegenstände bekamen beinahe einen heiligen Status. Seine getragenen Hemden, seine Jacke an der Garderobe, seine Zahnbürste. Ich hegte die Dinge, berührte sie, roch an ihnen. Ein Hauch von ihm. Fast konnte ich mir vorspiegeln, er wäre noch da. Manchmal rief ich an einem Sonntagmittag aus: »Hey, Schatz, wollen wir uns einen Film anschauen?«, und für eine halbe Sekunde konnte ich der Täuschung erliegen, alles wäre wie vorher. Eine halbe Sekunde und dann schnitt mir die Stille durch die Seele. Ohrenbetäubend. Nichts war wie vorher. Ich war eine Witwe in einem Haus voller verwaister Dinge.

Zuerst brachte ich es nicht übers Herz, mich von seinen Sachen zu trennen. Es fühlte sich an, als würde ich ihn auslöschen, seine Existenz leugnen und alle Spuren verwischen. An so etwas wollte ich nicht mitarbeiten. Nach Monaten wich dieses Gefühl des Widerstands einem anderen Gefühl des Widerstands: Ich wollte nicht in einem Museum wohnen. Trotz und dank meines Widerstands konnte ich mich ab und zu von der einen oder anderen Sache trennen. Planlos. Intuitiv. Andächtig.

Eine Freundin half mir mit der Freizeitkleidung und es war schön, das gemeinsam zu machen. Die Kleidung ging mit einem Lkw nach Polen. Es kann auch Albanien gewesen sein. Tschechien? Ist unwichtig. Es war für einen guten Zweck. Dadurch wurde das Aufräumen jedenfalls hinreichend sinnvoll, um mich über die Schwelle zu kriegen. Später hörte ich einmal, dass man sich aus Lieblingskleidungsstücken auch eine Tagesdecke oder einen Schmusebär machen lassen kann. So kann einen der Liebste noch wärmen oder man kann ihn symbolisch noch liebkosen. Eine tolle Idee. Ich kann das übrigens immer noch machen, denn ich habe noch einen Pullover. Eine Jacke. Eine Krawatte. Einen Schal. Okay, noch ein paar Sachen mehr, ich bin noch nicht ganz fertig.

Die schönen Anzüge blieben genauso hängen, wie er sie hinterlassen hatte. Die waren so .... er. An seinem Körper getragen, intim und persönlich. Nach fast einem Jahr wurde mir bewusst, dass die Motten eigene intime und persönliche Pläne hegten. Um ihnen voraus zu sein, war ich Stunden damit beschäftigt, alles einzupacken. Jedes Kleidungsstück ging durch meine Hände, wie ein sanftes Lebewohl. Auf einem Kleiderbügel, unter einem Hemd, fand ich eine Hose von mir, die ich seit Jahren vermisste. Dieses Hemd hatte er dann vermutlich nie getragen. Das war auf seine Weise dann schon wieder lustig. Alles kam zu einem Laden für arbeitslose Männer, die Bewerbungsgespräche vor sich haben. Hoffentlich bewarben sie sich auf Managerposten.

Die Bücher waren buchstäblich und sinnbildlich schwere Aufräumkost. Dicke Computerbücher, die schon vor zehn Jahren hätten entsorgt werden müssen. Wie oft hatte ich das nicht gesagt? Jetzt musste ich mich allein darum kümmern, niemand sonst machte es. Heulend und fluchend warf ich die Bücher in die Papiertonne. Buch um Buch, Schachtel um Schachtel, Träne um Träne.

Posthum hat Alexander vielen Menschen mit seinen Sachen eine Freude gemacht. Das darf auch einmal erwähnt werden. Für ein paar Teilsammlungen suche ich noch echte Liebhaber. Falls Sie jemanden kennen, der Interesse an Briefmarken oder Modellflugzeugen hat, lassen Sie es mich wissen. Das Kofferset behalte ich vorläufig noch – einschließlich des gigantischen Modells, in dem man beinahe wohnen kann. Auch die Flasche Eau de Toilette von Issey Miyake darf bleiben: Nichts versetzt uns schneller in andere Zeiten als die Nase. Dafür brauche ich dann keine Briefmarken, Flugzeuge oder Koffer.

In den letzten Jahren habe ich sehr viel aufgeräumt. Zwei Umzüge haben den Prozess beschleunigt. Sie können ein Buch von einem Aufräum-Guru lesen. Sie können auch Zeit und Geld sparen und die folgende Zusammenfassung meiner Erfahrung lesen:

Irgendwo habe ich einmal gelesen, dass das Aufräumen des physischen Erbes eine therapeutische Wirkung hat. Das könnte gut sein. Das Aufräumen selbst fand ich schwer. Das Ergebnis, am Ende weniger Sachen zu haben, fühlt sich leicht an. Was ich auf jeden Fall sicher weiß: Ich werde es nicht noch einmal so machen: Sorry, Papa und Mama. Wenn ihr also nicht selbst euer großes 30er-Jahre-Haus entrümpelt von allen (Comic-) Büchern, CDs, Platten und so weiter, werde ich dafür jemanden engagieren. So um 2058 herum. Frühestens.

Zusammenfassung der Erkenntnisse nach jahrelangem Aufräumen:

- *Es gibt fünf Möglichkeiten für Sachen: selber aufbewahren, an Bekannte verschenken, verkaufen, für einen guten Zweck spenden oder wegwerfen.*
- *Wichtige Kriterien sind: Macht es mich froh? Will ich dieses oder jenes mein ganzes Leben lang mit mir herumschleppen? Kann ich jemand anderem damit eine Freude machen?*
- *Aufräumen ist angenehmer, wenn man es zu zweit macht.*
- *Nehmen Sie sich Zeit.*
- *Machen Sie anderen eine Freude.*
- *Fotografieren Sie die Sachen und heben Sie nur die Fotos auf.*
- *Hören Sie auf Ihr Gefühl.*
- *Es gibt kein »Müssen«.*
- *Es gibt kein gut oder schlecht.*
- *Der/die Hinterbliebene hat das letzte Wort.*

Feiertage

Jeder Tag ist für Trauernde schwierig. Jeden Tag aufs Neue die Erkenntnis des Verlusts, die gnadenlos ins Bewusstsein drängt. Die Mühe, die es kostet, aus dem Bett zu kommen, sich anzuziehen und ansatzweise »vorzeigbar« zum Vorschein zu kommen. Das ist an sich schon eine Topleistung, für die man von niemandem Anerkennung erwarten kann (außer von mir und anderen mit entsprechender Erfahrung).

Als ob das Überlebenstalent nicht schon hart genug auf die Probe gestellt wird, gibt es auch noch die Feiertage. Für einen trauernden Menschen sind diese Tage ein Mienenfeld. Voller Reize, die den Kummer und die Trauer extra provozieren. Zum Beispiel dieses eine spezielle Weihnachtslied, das man im Radio hört.

Mit Feiertagen meine ich sowohl die allgemeinen Feiertage (Ostern, Weihnachten, Himmelfahrt) als auch die persönlichen Feiertage (Geburtstag, Hochzeitstag). Am meisten machte mir (natürlich) der Sterbetag zu schaffen und unsere Geburtstage (die kurz hintereinander liegen), sowie Silvester.

Am 2. Dezember 2014 postete ich auf meiner Facebook-Seite »Rouwen hoort bij het leven« [Trauern gehört zum Leben dazu] diese Zeilen:

Trauern im Dezember
Die Welt feiert
Meine Welt steht still

Dieser Post bekam 1.523 »Likes« und wurde sage und schreibe 406-Mal geteilt. Ich war eindeutig nicht allein. Der Monat, der für Gemeinschaft, Gemütlichkeit und Geborgenheit steht, erwies sich als Monat, den viele am liebsten überspringen würden.

Warum sind Feiertage so schwierig?
(meine persönliche, wissenschaftlich nicht verifizierte dreistufige Raketen-Theorie):

1 | *Erstens sind manche Feiertage an sich schon problematisch. Weihnachten ruft mindestens so viele positive wie negative Gefühle hervor. Das hat viele Gründe: der verpflichtende Charakter; die Tatsache, dass Meinungsverschiedenheiten tabu sind, und die Erwartungshaltung, dass Familienbesuche stattfinden. Oder, was ich persönlich schwierig fand: Ostern und die Auferstehung Jesu. Warum er schon – und mein Mann nicht?*

2 | *Zweitens sind Feiertage Markierungen in der Zeit. Durch den speziellen Charakter des entsprechenden Tages entstehen Traditionen und/oder besondere Erinnerungen, die mit diesem Tag verbunden sind. Meistens sind es Tage, die besonders nostalgische Gefühle durch die Erinnerung an sehr konkrete Ereignisse wachrufen können. Der Mangel wird extra spürbar.*

3 | *Drittens steht man vor der Herausforderung, den Feiertagen neue Inhalte zu geben. Falls Sie es überhaupt wollen, ist es nicht leicht umzusetzen.*

Man möchte der Vergangenheit gerecht werden und auch die Zukunft im Blick haben.

Hier meine zehn wichtigsten Einsichten, wenn es um entspannte und angenehme Feiertage geht:

1 | *Überlegen Sie sich vorher genau, wie Sie die Feiertage verbringen wollen und wie nicht (Planen ist schwierig, wenn man gerade trauert, aber in diesem Fall muss es sein). Wenn Sie wissen, was Sie wollen, lassen Sie sich auch nicht hinreißen, Dinge zu tun, die Ihnen eigentlich schwerfallen. Mit wem wollen Sie den Tag verbringen, wie wollen Sie mit Traditionen umgehen? Sie können sich auch vorab mit den Beteiligten austauschen (auch Kinder miteinbeziehen).*

2 | *Schaffen Sie Raum für die Erinnerung an Ihren geliebten Menschen, indem Sie eine Kerze anzünden, das Grab besuchen, Erinnerungen mit anderen teilen, sein/ihr Lieblingsessen kochen, einen Toast aussprechen.*

3 | *Sagen Sie Ihren Verwandten und Freunden Bescheid, wie Sie sich die Feiertage vorstellen. Mit den allerbesten Absichten tun sie sonst vielleicht Dinge, die für Sie schmerzhaft sind.*

4 | *Fühlen Sie sich nicht schuldig wegen Ihrer Entscheidungen. Machen Sie es so, wie es sich für Sie gut anfühlt. Wenn Sie keine Weihnachtskarten verschicken wollen, tun Sie es nicht. Wenn*

Sie keinen Weihnachtsbaum wollen, lassen Sie ihn weg. Umgekehrt genauso: Wenn Sie einen Weihnachtsbaum wollen und Ihre Wohnung verzieren wollen, tun Sie es! Hören Sie auf sich selbst und nicht auf die Meinung anderer.

5 | *Wenn Sie andere Menschen besuchen: Sorgen Sie für einen Plan B. Das heißt: Planen Sie die Fahrt, damit Sie, wenn Sie möchten, wieder weg können. Kündigen Sie im Vorfeld an, dass es sein kann, dass Sie sich früher verabschieden.*

6 | *Sorgen Sie gut für sich selbst. Atmen Sie ab und zu bewusst tief ein und aus, halten Sie sich an Ihren festen Schlafrhythmus, sorgen Sie für etwas Bewegung, übertreiben Sie es nicht mit Speisen und Alkohol.*

7 | *Bitten Sie um Hilfe, auch wenn es schwierig ist. Wenn Sie Leute einladen, bitten Sie sie, ob sie beim Kochen helfen oder etwas mitbringen etc.*

8 | *Schaffen Sie zeitliche Freiräume für sich selbst, damit Sie sich erholen können, meditieren, schreiben, spazieren gehen, Netflix schauen oder in die Badewanne legen können. Überlegen Sie sich am besten schon vorher, wie Sie sich entspannen wollen und planen Sie das mit ein.*

9 | *Überspringen Sie den Feiertag. Das ist erlaubt! Wenn Ihnen das angenehm ist, ist es Ihr gutes Recht, sich so zu entscheiden.*

10 | *Zeigen Sie sich aufgeschlossen, wenn Sie etwas genießen können: Die Unterstützung Ihrer nächsten Umgebung, das Teilen von Erinnerungen. Machen Sie sich bewusst, dass Sie auch glückliche Momente erleben dürfen. Das schmälert Ihre Trauer und Ihre Liebe für den Verstorbenen nicht. Keine Schuldgefühle.*

Wer lässt jetzt den Hund raus?

Zum ersten Mal in meinem Leben war ich Hausbesitzerin. Bis jetzt übrigens auch zum letzten Mal, obwohl ich hart dafür arbeite, das zu ändern. Mit dem Hausbesitz kamen auch zahlreiche Instandhaltungsarbeiten und praktisch-technische Aufgaben auf mich zu. Diese Arbeiten erledigte bisher immer mein Partner. Ich traue mich, auch wenn ich an sich feministisch eingestellt bin, durchaus zuzugeben: Unsere Aufgabenverteilung war eher traditionell. Ich habe die Wäsche gemacht und er stellte den Müll raus. Zur Zufriedenheit von uns beiden.

Als ich dann zum ersten Mal die Mülltonne an die Straßenecke stellen musste, weil es nicht anders ging, war das für mich emotional und konfrontierend. Das war die neue Wirklichkeit, ich musste jetzt alles alleine machen. Also auch den doofen Müll wegbringen. Und wie nett fand ich es, als ich entdeckte, dass mein Nachbar die Tonne für mich zurückgestellt hatte. So etwas augenscheinlich Kleines kann in dem Moment für eine Witwe einen wesentlichen Unterschied machen. Einmal kurz das Gefühl, dass man doch nicht mit allem ganz allein ist. Dass jemand an dich denkt. Falls Sie also einen trauernden Menschen unterstützen wollen, diese Art der praktischen Hilfe ist sehr willkommen.

Als ich das erste Mal den Wasserzählerstand ablesen und durchgeben musste, war das auch nicht gerade ein Höhepunkt. Buchstäblich. Denn der Wasserzähler befand sich unter einer Luke bei der Haustüre. Diese Luke musste entfernt werden, dann musste man sich hineinhängen, weil der Zähler (der noch dazu angelaufen und schlecht zu lesen war) sich unter der Erde befand. Ein bescheuerter Job, den ich lange vor mir hergeschoben habe. Aber, da weit und breit niemand zu sehen war, den ich hätte bitten können, fasste ich mir an einem Samstagnachmittag ein Herz und machte mich an die Arbeit.

Da hing ich dann halb in dieser Kellerluke und fluchte und stöhnte. Eine furchteinflößende Spinne fühlte sich angesprochen. Von dieser nahen Begegnung bin ich ungeheuer erschrocken. Meine niedrige Frustrationstoleranz und ich waren in dem Moment jedenfalls bedient. Um mich wieder auf Laune zu bringen, beschloss ich, das Paar Schuhe, das ich mir in den Kopf gesetzt hatte, tatsächlich zu kaufen. Die Luke habe ich wieder verschlossen. Im Einkaufszentrum kaufte ich mir knallig rosarote Pumps und ein paar Nüsse. Und vielleicht auch noch eine Flasche Wein. Durchaus möglich.

Als ich nach Hause kam, hatte ich mich einigermaßen beruhigt. Die *Retail Therapy* hatte wieder einmal funktioniert. Ich nahm mir vor, den Job im Keller noch am selben Nachmittag zu Ende zu bringen, und das war auch gut so. Kaum hatte ich die Luke geöffnet, kam meine Katze aus dem dunklen Loch herausgesprungen. Die Schnurrhaare voller Staub und kläglich miauend rannte sie schnell weg. Die hatte wohl keinen so guten Nachmittag gehabt!

Tränen in der Arbeit

Für einen trauernden Arbeitnehmer ist es alles andere als einfach, wieder an den Arbeitsplatz zurückzukehren. Man hat weder Interesse noch Motivation oder Konzentration. Alles, was man an Aufmerksamkeit und Energie aufbringen kann, wird für die innere Arbeit, die Trauerarbeit gebraucht. Trauern ist ein Fulltime-Job und man kann nur noch sehr wenig zusätzlich machen.

Glücklicherweise war meinem Arbeitgeber klar, dass die vier Tage Sonderurlaub, auf die ich laut Tarifvertrag Anspruch hatte, nicht ausreichen würden. Ich bekam Zeit, Raum und Mitgefühl. Dafür war ich enorm dankbar. Ich brauchte drei Monate, um auch nur wieder an die Arbeit denken zu können. Dann war es Zeit, wieder an meinem Arbeitsplatz zu erscheinen.

Das erste Hindernis war die physische Anreise zur Arbeit. Den Haag ist die Stadt, in der mein Mann geboren und aufgewachsen ist, die Stadt war in dieser Hinsicht komplett mit ihm verbunden. Er arbeitete noch dazu in einem Gebäude schräg gegenüber von meinem Büro. Da musste ich nun vorbeifahren. All die Erinnerungen konfrontierten mich mit dem schwarzen Loch, das mein Leben geworden war. Den Weg zu meiner Arbeit zurückzulegen empfand ich wie eine schwere Expedition. In der Parkgarage bei meiner Arbeit habe ich viele Stunden geweint. Ich konnte meine Gefühle nicht zu Hause lassen. Ich war ein Mensch mit einem großen Schmerz, auch in der Arbeit.

Wenn ich es dann endlich geschafft hatte, in der Arbeit anzukommen, fing die mentale Reise an. Die war mindestens genauso intensiv. In der Umgebung der grauen Bürogebäude spürte ich, wie die letzten Reste Energie aus meinem Körper schwanden. Ein trostloses Ganzes in einer noch trostloseren Existenz. Termine machen für in drei Monaten: Oh, Mann, da konnte ich schon tot und begraben sein. Was sollte ich mit den seitenlangen Notizen, die von nichts zu handeln schienen? Sitzungen waren eine Qual. Nichts fühlte sich mehr als Verschwendung kostbarer Zeit an als sinnlose Besprechungen. Ich wurde frustriert und verärgert. Oder vielleicht war ich es schon vorher und jetzt wurde es sichtbar. All das änderte sich mit der Zeit wieder, aber so habe ich die Anfangszeit erlebt. Arbeit? Was für ein Getue um nichts.

Meine Kollegen meinten es gut mit mir. Manchmal wurde mir zwar ungefragt eine dramatische Geschichte über eine Ehescheidung oder einen Todesfall berichtet, wobei ich die Leute, um die es ging, nicht einmal kannte. Als ob einen das Leid anderer Menschen über den eigenen Kummer hinweghelfen könnte, nach dem Motto: »Hey, wirklich schlimm, was dir passiert ist, aber es geht noch schlimmer/gewaltiger/schockierender.« Oder ist der Hintergedanke der, dass man, wenn man eh schon an seinem Kummer zugrunde geht, dann auch noch ein bisschen mehr Leid verträgt?

Die andere Seite ist natürlich, dass es auch Menschen gab, die es nicht wagten, mich zu fragen, wie es mir ging. Es tut weh, negiert zu werden. Neben mir saß immer der Elefant im Raum: ein riesiges und auffallendes Thema, dessen Vorhandensein jeder, so gut es ging, zu negieren versuchte. Das Negieren ergibt ein schlechtes Szenario und kann zu Krankheitsausfällen und letztlich zum Abschied des trauernden Kollegen führen. Ich plädiere leidenschaftlich dafür, dass jeder Mitarbeiter ein Training absolvieren sollte, in dem er lernt, mit Verlust und Trauer umzugehen. Für sich selbst. Und um betroffenen Kollegen zur Seite zu stehen. Denn jeder Mensch bekommt es früher oder später einmal mit einem großen Verlust zu tun, egal ob im Arbeitsumfeld oder außerhalb. Ich hatte übrigens Glück mit meinen unmittelbaren Kollegen. Sie waren eine stete Quelle der Unterstützung und des Verständnisses.

Arbeit kann gewiss einen positiven Effekt auf trauernde Menschen haben. Sie sorgt für Ablenkung und holt Trauernde aus dem Gefühl der Isolation. Durch den Betriebsarzt kam ich zu einer Trauertherapeutin. Ich wusste nicht einmal, dass es so etwas gibt: das muss man sich mal vorstellen. Sie hat mir wirklich weitergeholfen. Trotzdem verlief meine Wiedereingliederung am Arbeitsplatz mühsam. Mir kam das alles so sinnlos vor. Hatte keine Lust. Mein Gefühl war ganz woanders und mein Kopf spielte vorläufig nicht mit.

Von den Menschen, die ihren Partner verlieren, kehren nur 50 % zu ihrer vorherigen Funktion zurück und 50 % verabschieden sich (teilweise) aus dem (alten) Arbeitsprozess. Ich gehörte zu den letzten 50 %.

Wenn du traurig bist,
dann schau in dein Herz
und du wirst erkennen,
dass du weinst
um das, was dir Freude
bereitete.

Khalil Gibran

Mein neues Ich

Ich dachte, dass ich schon ziemlich erwachsen war, aber es gibt keinen schnelleren Weg zum wirklichen Erwachsenwerden als ein plötzlicher, schwerer Verlust. Die intensive, heilende Reise durch den Schmerz bewirkte, dass ich mich manchmal wie ein alter Mensch fühle. Im göttlichen Körper einer Zwanzigjährigen, das natürlich schon. Oft durchschaue ich in kurzer Zeit Muster; kann Haupt- und Nebensächliches gut unterscheiden und mich manchmal nur mit Mühe aufraffen, mich mit – in meinen Augen – trivialen Sachen zu beschäftigen.

Jeder Verlust reißt ein Loch. Zuerst weiß man nicht, wohin mit sich. Was soll man bloß mit der ungeheuren Leere anfangen? Wer die enorm schwere Trauerarbeit leistet, lernt, das eigene Leben wieder in die Hand zu nehmen. Das führt zur Entdeckung, dass jeder freie Raum auch wieder ausgefüllt wird. Nie auf dieselbe Art und Weise. Immer anders. Nicht besser und nicht schlechter. Anders.

Von den mir nahen Menschen, die es nicht mehr gibt, spüre ich Anteile in mir. Manchmal bemerke ich das Übermütige von Alexander oder die wehmütige Despektierlichkeit seiner Mutter oder die Stärke meiner Oma. Sie alle begleiten mich und geben mir die Kraft, die ich manchmal so dringend brauche. Der Tod beendet die physische Beziehung, aber nicht die emotionale und spirituelle Beziehung zu nahen Menschen. Die Liebe bleibt – immer.

Trauer ist die andere Seite der Liebe. So wie die Liebe ein Leben lang bei uns bleibt, so bleibt die intensive Sehnsucht ein Leben lang. Das Leben wird sich immer unterteilen in ein »davor« und ein »danach«. Ich habe auch gelernt, dass, wenn sich eine Türe schließt, sich eine andere öffnet. Das kann Monate und sogar Jahre dauern. Aber Sie können damit rechnen, dass es geschieht. Ich habe meine besten Jahre nicht schon hinter mir, wie ich befürchtet habe. Ich habe liebe Freundinnen und Freunde, eine Schmusekatze, einen Top-Schutzengel und Arbeit, die mich erfüllt. Damit sieht meine Zukunft rosarot aus. Ich fühle mich privilegiert.

Meine Beziehung zu Alexander ist unersetzlich. So gesehen bleibe ich immer eine Witwe. Natürlich inszeniere ich mich nicht so. Wenn ich neue Leute kennenlerne, bin ich nicht die Witwe Maya (vorher Biene Maya). Manchmal spreche ich von der Zäsur in meinem Leben. Es hängt von verschiedenen Umständen ab, ob es im Gefühl der Sicherheit und Vertrautheit geschieht oder nicht. Und ob es einem Ziel dient. Denn, ich habe gemerkt, dass meine Geschichte eine stimmungssenkende Wirkung haben kann. Ich erinnere mich an ein Treffen mit Yoga-Mitstreitern. Wir haben uns darüber unterhalten, wer welche Arbeit macht. Ich erzählte von meiner Arbeit als Trauercoach und wie ich dazu gekommen war. Nach meiner Geschichte (die ich dann faktenorientiert erzähle) wagt oft niemand mehr, etwas zu sagen. Oder es tritt eine Stille auf und danach folgen die schlimmsten Geschichten über Tod und Krankheit, die die Anwesenden in letzter Zeit so gehört haben.

Ich werde immer über den lieben Menschen, den ich verloren habe, sprechen. Man kann mir kein schöneres Geschenk machen, als eine Geschichte, die mit ihm zu tun hat, mit mir zu teilen. Eine Erinnerung ist Honig für meine Seele, sanft und süß. Erinnerungen teilen, bedeutet die Erinnerung an meinen Liebsten wachhalten. Inzwischen bin ich soweit, dass die Schatzkiste meiner Erinnerungen sich dann öffnet, wenn ich es möchte. Ich muss nicht mehr in der Reihe vor der *Hema*-Kasse hinausschreien, wie viele Tage mein Mann schon tot ist. Das ist es, worüber William Worden gesprochen hatte. Das ist bewältigte Trauer.

Man erleidet natürlich einen schweren Schicksalsschlag. Die Erkenntnis der Zeitlichkeit von allem begleitet mich ständig. Wenn in der Arbeit etwas als »vorübergehend« präsentiert wird, sage ich, dass das ganze Leben vorübergehend ist. Dafür ernte ich manchmal mitleidige Blicke, aber die, die meine Geschichte kennen, verstehen das. Wenn ich einmal zuschlage und zehn Packungen Zahnstocher im Angebot nach Hause bringe, hoffe ich, dass ich lange genug lebe, um sie zu verbrauchen. Sonst wäre das ja eine enorme Fehlinvestition gewesen. So sehe ich das. Das ist kein Drama oder Opferverhalten, so sind die Fakten. Wir sterben alle einmal. Ich gehe davon aus, dass ich noch eine Weile hier bin. Aber fest darauf zählen kann ich nicht.

Die Leute, die mich schon länger kennen, finden, dass ich mich stark verändert habe. Ich empfinde es genauso. Ich spüre mehr Aufmerksamkeit für das Leben an sich, für die Natur, für die Verbundenheit mit anderen. Mir ist klar geworden, was in diesem Leben wichtig ist – und was nicht. Ich habe meine eigene Stärke entdeckt und die kann mir keiner mehr nehmen.

Die Erkenntnis, dass das Leben in jedem Augenblick zu Ende sein kann, gibt dem Leben eine Dringlichkeit. Eine Reise so lange vor mir herschieben, bis ich in Rente bin, nein, das geht mit mir nicht. Sorry, aber dann kann ich längst tot und begraben sein. Ich habe keine Zeit zu vergeuden. Ich bleibe nicht in Beziehungen, bei einer Arbeit oder bei Hobbys, wenn ich das Gefühl habe, meine Zeit auszusitzen. Das kann ich nicht mehr, das macht mich unglücklich. Nach all dem Elend gönne ich mir alles Glück der Welt und ich arbeite hart dafür. Wenn ich auf meinem Sterbebett zurückschauen darf, möchte ich stolz sein können auf das, was ich getan habe.

Auf die zurückliegenden Witwenjahre bin ich schließlich auch stolz. Ich bin durch die Hölle gegangen und wieder daraus hervorgekommen. Es gab eine Zeit, da hätte ich Sie am liebsten geohrfeigt, wenn Sie das zu mir gesagt hätten, aber ich muss es jetzt zugeben: Es gibt Licht am Ende des Tunnels. Sollte Alexander von seiner Wolke aus diesem Treiben hier zusehen, dabei ein gutes Glas Wein genießend, dann weiß ich sicher, dass er auch stolz auf mich ist.

Wir Witwen sind ein zähes Volk.

Vielen Dank!

Ich habe entdeckt, dass Dankbarkeit eine große Kraftquelle ist. Wenn ich dankbar bin, blicke ich auf die positiven Dinge in meinem Leben. Nach all den Jahren, in denen mich der Umgang mit meinem Verlust alle Energie kostete, kann ich wieder spüren, wie reich mein Leben ist, mein neues Leben, mit schönen Menschen und schönen Momenten. Ich denke an diejenigen, denen ich dankbar bin.

»Kein Mensch ist eine Insel« – das gilt auch für mich. Meine Reise durch das Land der Trauer war eine Solo-Expedition, schwer und einsam. Glücklicherweise gab es Menschen, bei denen ich mich während der schweren Reise zwischendurch erholen durfte. Menschen, die mir zu Seite standen mit einer Umarmung, einem Wort, einer gemeinsamen Unternehmung oder einem Glas *Chardonnay*. Diesen Menschen gilt mein besonderer Dank, insbesondere möchte ich meine Eltern Koos und Anneke, meine Freundin Feike und meine Schwägerin Saskia nennen.

Dieses Buch wäre ohne die überaus ansteckende Begeisterung meiner Lektorin Ineke nie zustande gekommen. Die wundervollen Illustrationen von Charley bereichern meine Texte, auch dafür bin ich dankbar. Den Erstlesern dieses Buches Leoniek, Feike und Nick danke ich herzlich für ihre positiven und kritischen Anmerkungen.

Schließlich (er hatte ja immer gern das letzte Wort) bin ich Alexander auf ewig dankbar für alles, was ich von ihm lernen durfte und was er mir gegeben hat, einschließlich der Mission, dieses Buch zu schreiben.

Die Autorin

Maya Stomp ist Senior Beraterin im Bereich Personal und Organisation und betreibt daneben eine eigene Praxis als Trauercoach. Sie hat die Zertifizierung für die »Grief Recovery Method« erworben und ist das Gesicht hinter der viel besuchten Facebook-Seite »Rouwen hoort bei het leven« (Trauern gehört zum Leben).

Anhang

Schöne Bücher, die mir weitergeholfen haben, und vielleicht auch Ihnen helfen können?

Berg, Marinus van den, *Rouwen in de tijd; Een zoektocht in het landschap van afscheid en verlies,* Kampen: Ten Have, 2009.

Brink, Jos, *Rouw op je dak; Verder leven na de dood van een dierbare,* Tielt: Lannoo, 2007.

Cozijnsen, Bert, & Wielink, Jakob van, *Over de rooie; Emoties bij verlies en verandering op het werk,* Alphen aan den Rijn: Kluwer, 2012.

Cuppen, Hannah, *Liebe und Bindungsangst,* München, Freiburg i.Br.: Herder, 2016.

Falkenburg, Violet, *Veerkracht; Verder na verlies,* Amersfoort: BBNC Uitgevers, 2013.

Gilbert, Elizabeth, *Eat, pray, love;* Berlin: Berlin Verlag, 2006.

Hoes, Isa, *Toen ik je zag; Mijn leven met Antonie,* Amsterdam: Artemis & Co, 2013.

Horst, Marijtje, van der, *de dood legt Liefde bloot,* Haarlem: Altamira, 2009.

Jackson, Mick, *The Widow's Tale,* London: Faber and Faber, 2010.

James, John W. & Friedman, Russell, *Trauer(n) heilt: Ein Ratgeber zur Unterstützung des emotionalen Heilungsprozesses bei Todesfällen, Trennungen und anderen Verlusten.* Svenska Institutet for Sorgbearbetning, 2010.

Jong, Saskia de & Anzion, Paul, *Troosten; Bronnen van bemoediging,* Baarn: Forte, 2011.

Keirse, Manu, *Die andere Seite der Liebe: Was der Trauer guttut,* Ostfildern: Patmos, 2013.

Kuiper, Karin, *Je mag mij altijd bellen; 1001 dagen van rouw,* Tielt: Lannoo, 2008.

Leader, Darian, *The new black: Mourning, Melancholia, Depression*, Hamish Hamilton, 2008.

Palmen, Connie, *Logbuch eines unbarmherzigen Jahres,* Zürich: Diogenes, 2013.

Polspoel, Arthur, *Wenen om het verloren ik; Over verlies en rouwen,* Kampen: Ten Have, 2003.

Worden, J. William, *Beratung und Therapie in Trauerfällen: Ein Handbuch*. Göttingen: Hogrefe, 5. unveränd. Auflage, 2017.

Bibliografische Information der Deutschen Nationalbibliothek
Die Deutsche Nationalbibliothek verzeichnet diese Publikation in der Deutschen Nationalbibliografie; detaillierte bibliografische Daten sind im Internet über https://portal.dnb.de abrufbar.

Klimaneutral
Druckprodukt
climate-id.com/12559-1708-1001

FSC
www.fsc.org
MIX
Papier aus verantwortungsvollen Quellen
FSC® C014889

Verlagsgruppe Random House FSC® N001967

2. Auflage, 2020
Copyright © 2020 Gütersloher Verlagshaus, Gütersloh,
in der Verlagsgruppe Random House GmbH,
Neumarkter Str. 28, 81673 München

Sollte diese Publikation Links auf Webseiten Dritter enthalten, so übernehmen wir für deren Inhalte keine Haftung, da wir uns diese nicht zu eigen machen, sondern lediglich auf deren Stand zum Zeitpunkt der Erstveröffentlichung verweisen.

Original:
Wij weduwen zijn een taai volkje. Rouwen is topsport zonder voorbereiding.
© Maya Stomp 2017.

Umschlagmotiv und Illustrationen im Innenteil: © Maya Stomp
Druck und Bindung: Friedrich Pustet GmbH & Co. KG, Regensburg
Printed in Germany
ISBN 978-3-579-02396-0

www.gtvh.de

»Chris Paul gelingt es, selbst komplizierte Zusammenhänge verständlich darzustellen und allgemein zugänglich zu machen.«

reformierte presse

2. Auflage
240 Seiten / Klappenbroschur
ISBN 978-3-579-07308-8

236 Seiten / Klappenbroschur
ISBN 978-3-579-07309-5

4. Auflage
176 Seiten / Klappenbroschur
ISBN 978-3-579-07303-3

5. Auflage
224 Seiten / gebunden
ISBN 978-3-579-06833-6

GÜTERSLOHER VERLAGSHAUS

www.chrispaul.de